Jairo Viales

La música, expresión política del pueblo

MaGa-ViVa Edició – 2019

Diseño de portada y tratamiento de imágenes:
Andrés Bustamante Quesada – aunque@me.com

ISNI: 0000 0004 7707 5342

© 2019, Editado por Maga-Viva Edició – 1ª Edición
2020, Editado por Maga-Viva Edició – 2ª Edición

Ctra. D'Arbúcies 1, At. 2
Sant Hilari Sacalm
17403 – Girona
Catalunya (España)

+34 972 869 339
susannamacia@gmail.com

ISBN: 978-84-09-14016-9

Segunda Edición revisada y reimpresa en julio de 2020

La música, expresión política del pueblo

"Si se calla el cantor se quedan solos
los humildes gorriones de los diarios;
los obreros del puerto se persignan
¿Quién habrá de luchar por su salario?

¿Qué ha de ser de la vida si el que canta
no levanta su voz en las tribunas
por el que sufre, por el que no hay ninguna
razón que le condene a andar sin manta?"

Horacio Guarany – Argentina, 1972

A Susanna, compañera incondicional que ha vivido
mis meses de ausencia y mal humor, a su
inversión de fe y apoyo constante.

A Josué, mi hermano, última prolongación de
mis padres, de quien me siento orgulloso.

A mi hermano Julio César, quien ha
compartido conmigo como solo la
propia sangre vive tus vicisitudes.

A todos mis hijos, los cinco,
"Seminito" incluido.

SUMARIO

RESUMEN

Dentro del **clivaje cultural**, en el análisis politológico, la **música** es una de las manifestaciones estudiadas como parte del hecho político, y que es usada como medio para interiorizar la idea del hecho **nacional** o herramienta de la que las instituciones aprovechan su versatilidad para reforzar la idea de **identidad** nacional.

Desde el **panfleto político** o el **adoctrinamiento** a la **reivindicación social**, la música puede ser una expresión de la cultura política, lo mismo que un elemento de diferenciación, acercamiento, protesta o aceptación del yo social.

Por otra parte, ha devenido en uno de los instrumentos culturales del que se han valido **regímenes** para asentar su **hegemonía**, o bien, un instrumento político con el que dicha hegemonía, enmarcada un status quo, se ha podido ver socavada desde la sociedad.

Vemos como movimientos, plataformas, sindicatos, partidos políticos, los lobbies de poder o la sociedad, etc., encuentran en la música, y en las **manifestaciones artísticas**, un elemento para la acción colectiva, de incitación o llamada a la **acción política**, a la **denuncia** o el **manifiesto testimonial** de una situación injusta, de un hecho político, del deseo de cambio o de inclinación política.

La versatilidad del **hecho musical** dentro del hecho político y viceversa es una perspectiva cuyo **estudio politológico** ha merecido un espacio propio, pues hay un **mensaje** político en letras o composiciones que dan una visión diversa de la sociedad o régimen que se identifica con este, dejando a la vista que existe una imbricación, una **relación bidireccional** entre el **hecho político** y el **hecho musical**.

Palabras clave: ***política, música, historia, panfleto, regímenes, denuncia, manifiesto, hecho político, hecho musical***

PRÓLOGO POR JULIO CÉSAR BARBOSA

Cuando recibí este documento y sabiendo de quién provenía, Jairo Viales – mi hermano por elección –, tenía la certeza de que al terminar la lectura algo habría aprendido. Tratase del tema que tratase y lo digo por experiencia propia, Jairo tiene ese mágico poder de sorprenderte, así lo conozcas hasta la saciedad, porque además de su erudición, es un investigador empedernido y este escrito no sería la excepción, como evidentemente pude certificarlo.

El tema que el autor referencia en estas páginas, la política y la música como "entes" que existen y que se podrían relacionar, o no, es notable... Desde el punto de vista en que lo enfoca y partiendo quizá desde los rudimentos de la humanidad hasta nuestros días, lo entrelaza, pero a la vez nos enseña a desmadejar esos cuestionamientos que llevamos consigo y que no nos atrevemos a sugerir por temor a la equivocación o a la controversia, ya que es un tema tan subjetivo como el mismo gusto por la propia música.

Ha sido Jairo quien se atrevió a exponerlo y he ahí la gracia...

Y lo expone, pero no de cualquier manera, nos lo hace ver como ese efecto "causa-reacción" que siempre nos acompañó en el transcurso de la historia y me refiero concretamente al pensamiento humano, no a la natura en sí.

Más allá de mi concepción – la música existió antes que los humanos –, de que es una herencia de la naturaleza, evidentemente música y política han crecido de la mano, paralelamente. Pero, aparentemente la política, al alejarse de su esencia, sería en este caso la causa, sin embargo, la música tomada como reacción ha sido en extremo respetuosa y eso a mí, personalmente ¡Me enorgullece!

Esta es una de las reflexiones que este escrito ha logrado conseguir en mí, al margen de otras "espinitas" que se me atragantaron.

Bueno lectoras y lectores, prepárense para coincidir o discrepar, prepárense para navegar a través de la historia y también para exteriorizar sus propias opiniones que es lo que el autor objetivamente busca con sus interrogantes y reflexiones, les aseguro que conmigo lo ha conseguido, por eso lo recomiendo y sin temor a equivocarme, a ustedes también les quedará alguna espinita…

Basel, Suiza, julio de 2019

Julio César Barbosa

I

INTRODUCCIÓN

La cultura, entendida como una forma de clivaje, podría ser uno de los elementos a tener en cuenta en la formación de nuevos politólogos a lo largo de los años, ayudándoles a entender por qué se producen ciertas manifestaciones o inclinaciones políticas en una sociedad.

No obstante, de la misma forma en que los repertorios de acción colectiva o el sentimiento religioso resultan impredecibles a la hora de entender hechos políticos, el clivaje cultural no siempre nos hablará de realidades absolutas, pero nos resultará de utilidad a la hora de analizar, en parte, la procedencia de dichas inclinaciones.

No podemos hablar entonces de datos absolutos, pero sí de información de importancia que nos ayuda a despejar ciertas dudas o bien, eliminar ciertas hipótesis que podríamos tener equivocadamente asumidas, ejemplo de ello lo vemos en la idea muy establecida de que en la sociedad española el voto al Partido Popular, conservador y de derecha – aunque se autodefinen de centro derecha – viene mayoritariamente de sectores estrechamente más ligados a la iglesia católica e incluso al Opus Dei, aunque según Calvo, Montero y Ramírez:

"la religiosidad constituye un ejemplo excelente de lo que es una variable incapaz de causar efectos directos. Pese a estar estrechamente ligada a variables políticas de control tan importantes como la ideología, a menudo da la impresión de ser irrelevante."(Montero, Calvo, & Martínez, 2008),

de manera que no siempre aquello que el análisis o las encuestas nos muestran, se traduce en una realidad, empero resultan herramientas de utilidad en el estudio sociopolítico.

Lo mismo sucede en otros ámbitos que las distintas disciplinas han abordado a la hora de analizar determinados hechos, como pueden ser ciertos aspectos del comportamiento político de una sociedad reflejados en el arte, y que comulgan con la subjetividad o la visión propia del autor, pintor, dramaturgo, etc., de cuya obra se hace un estudio. Veamos, por ejemplo, *El Guernica* de Picasso que, según nos explica Paloma Esteban Leal[1]

"constituye un alegato genérico contra la barbarie y el terror de

[1] Esteban Leal, Paloma: "doctora en Historia del Arte por la Universidad Complutense y Conservadora Jefe del Departamento de Pintura 1881-1940 del Museo Nacional Centro de Arte Reina Sofía. Anteriormente fue Conservadora Jefe del Departamento de Colecciones del citado Museo.
Es autora de más de un centenar de publicaciones sobre arte del siglo XX, especialmente sobre Pablo Picasso, y ha sido comisaria de una cincuentena de exposiciones, entre ellas: Paul Cézanne. Madrid, Museo Español de Arte Contemporáneo, 1984; Exposición antológica Antonio López. Pintura. Escultura. Dibujo. Madrid, Museo Nacional Centro de Arte Reina Sofía, 1993; Picasso: Las grandes series. Madrid, Museo Nacional Centro de Arte Reina Sofía, 2001; o Juan Gris. Pinturas y dibujos 1910-1927, Madrid, Museo Nacional Centro de Arte Reina Sofía, 2005." Fuente: https://www.arteinformado.com/guia/f/paloma-esteban-leal-157095

> la guerra. Concebido como un gigantesco cartel, el gran lienzo es el testimonio del horror que supuso la Guerra Civil española, así como la premonición de lo que iba a suceder en la Segunda Guerra Mundial"[2]

Podemos intuir que existe una visión del entorno político y social que Picasso quiso transmitir con esta obra. A pesar de esto, es algo que sabemos gracias a que estamos mínimamente informados en ciertos aspectos artísticos, comunes al acervo de los habitantes, particularmente del estado español, pero no es coyuntural a relacionarlo inmediatamente a la visión propia de Picasso, pues como apunta Esteban Leal en su análisis de esta obra:

> "Los acontecimientos de la vida privada de Picasso, junto a los sucesos políticos que atribularon al continente europeo en el período de entreguerras, se fusionan en los motivos creados por el pintor en estos momentos, para dar lugar tanto al propio Guernica como a sus bocetos y post scriptum." [3]

Poder entrar en la mente de Picasso es algo difícil, toda vez que la pintura, como arte excelso que es, no está al alcance de todos, menos aún de quienes carecen de los medios materiales, no de la inteligencia, para formarse en una idea clara acerca de

[2] Reseña de *El Guernica* de Pablo Picasso, publicada por Paloma Esteban Leal, Museo Reina Sofía de Madrid Fuente: https://www.museoreinasofia.es/coleccion/obra/guernica

[3] Ibíd.

ésta, con lo que el componente político presente en *El Guernica* queda reservado a quienes tengan acceso a unas mínimas herramientas históricas, de análisis o de interpretación.

Con la novela sucede algo parecido, por ejemplo, Rómulo Gallegos[4], autor venezolano de principio y mediados del siglo XX, escribió la que podría ser una de las más bellas obras literarias de corte social-rural que ha dado de sí Latinoamérica, a saber, *Doña Bárbara*[5]. Y ahora nos quedamos en blanco ¿Por qué?

¿Cómo ponemos en contexto a un lector costarricense o chileno, chino o alemán, de la realidad venezolana de los años 20 o 30 del siglo pasado, sin antes no haber de relatarle media conquista y pos-colonialismo, sin que pierda el interés por ese supuesto elemento socio-rural y político inmerso en la novela de Rómulo Gallegos?

[4] Rómulo Gallegos Freire (Caracas, Venezuela, 1884 - 1969) Novelista, político y expresidente venezolano. Fue uno de los máximos representantes de la tendencia realista que subsistió en la narrativa hispanoamericana de las primeras décadas del siglo XX, periodo en que convivió con el desarrollo de la novela indigenista. Fuente: https://www.biografiasyvidas.com/biografia/g/gallegos.htm

[5] "Hay unanimidad en señalar *Doña Bárbara* (1929) como la más importante de las obras de Rómulo Gallegos, en la medida en que con ella se inicia una brillante época para toda la novelística sudamericana: la de las grandes historias autóctonas (carentes de toda influencia europea) cuyo eje se constituye a partir de sucesos y personajes fascinantes salidos de un entorno apenas explorado: el altiplano, la llanura y las enormes selvas de América. En ella escenificó la vieja oposición entre civilización y barbarie, tributaria de la tradición humanista liberal del siglo XIX, mediante el recurso a una simbolización de personajes, ambientes y descripciones que puede, a ratos, parecer esquemática, pero que es de una gran eficacia narrativa."
Fuente: https://www.biografiasyvidas.com/biografia/g/gallegos.htm

Habría que empezar por saber un poco más del propio Gallegos, de su visión del mundo y del entorno que le rodeaba cuando escribió *Doña Bárbara*, con lo que el interés político o bien se acrecentaría o directamente querríamos dejar de lado cualquier alusión social, para centrarnos exclusivamente en la relación entre Doña Bárbara, Santos Luzardo y Marisela.

Hay quienes, por ejemplo, ven en *Les misérables* de Víctor Hugo solo un relato de amor y venganza, o de crueldad social, sin apreciar el componente político que planea sobre la obra y al que se puede acceder a partir de cierta [in]formación histórico-política.

Se dice también que cuando Shakespeare escribió *El Mercader de Venecia* nunca había pisado la antigua república en la que ambientó su drama, pero supo reflejar un conflicto jurídico, político y étnico en el texto, de una manera que quizá no sabríamos interpretar a no ser que, como estudiosos de las manifestaciones literarias de la Venecia del Siglo XIV, nos remitamos a Il Pecorone[6] y, más atrás aún, al Decameron de Boccaccio, para entender que un jurista también podría hacer su agosto con esta obra, pero ¿Cómo acercamos todo lo anterior al ciudadano de a pie?

---

[6] De ser Goivanni Fiorentino (Italia, siglo XIV), novela escrita entre 1378 y 1385.

La música, bien es cierto, es también obra de un compositor. Pero al margen del gusto refinado que en cierto momento buscaban las élites en este arte, su versatilidad trasciende de los estratos sociales, las clases y de los ámbitos en los que se desarrolla y está presente.

Una melodía o letra cantada no necesita más que de la memoria y cierta práctica para ser tatareada una y otra vez. Un canto puede tener un autor, una intencionalidad clara, pero está sujeto, como no lo están otras manifestaciones artísticas, a la reinterpretación "del otro" – recordemos el Ecce Homo de Zaragoza, España, y su "restauración" por parte de una buena zaragozana[7] – sin que por ello deje de ser la obra original una manifestación propia de la intencionalidad del autor. De ahí que la música solo sea compuesta como idea una única vez – es una visión particular[8] – pues a partir de su ejecución, los coautores pueden ser muchos y muy variados.

La música no escapa a la política, lo mismo que la política no puede prescindir de la música, razón por la cual es de entender

7 "La restauración del Ecce Homo, obra de Elías García Martínez (1858-1934), por una vecina del pueblo, Cecilia Giménez, se convirtió en una noticia que convirtió el pueblo en destino de miles de curiosos y ha suscitado tesis doctorales, una marca de caramelos y hasta una ópera bufa."
Fuente: https://www.religionenlibertad.com/personajes/64636/restauradora-del-ecce-homo-borja-aun-lamenta-que.html

8 Umberto Eco en su *Opera Operta* (1962) alude a ésta misma idea, algo que hasta la elaboración de este ensayo este autor ignoraba.

que el estudio o el análisis politológico hayan reparado en este arte, siendo como es, una disciplina que busca aclarar la función política que hay en todas las manifestaciones sociales habidas y por haber.

Es así como iniciaremos este ensayo, con un breve acercamiento a la justificación que sustenta el trabajo desde una visión subjetiva (séase profesional de la música, politólogo o persona que carezca de ambos conocimientos, pero que siente inquietudes tanto culturales como políticas o solo una de éstas) con la que esperamos poder transmitir la idea de que vale la pena conocer la relación entre ambas disciplinas y su, en la medida de lo posible, importancia como herramienta del análisis o la opinión política, acercando los conceptos de cultura y de poder, y de cómo ambos pueden ser parte de una misma idea.

Haremos un pequeño recorrido por la historia, localizando hechos de relevancia en los que la música ha tenido mucho que decir en el aspecto político y viceversa, intentando denotar el uso que lo político hace de un elemento cultural tan al alcance de la mano de la sociedad, que forma parte del desarrollo humano de una manera tan preeminente como lo es el lenguaje mismo.

Nuestra principal limitación recaerá en la extensión que este ensayo podría alcanzar pues, aunque el aspecto cultural se ha tratado ampliamente en muchos campos, incidir en el estudio de hechos políticos a través de sus particulares manifestaciones musicales es algo – al margen de visiones antropológicas o musicológicas, etc. – cuyo análisis merece extenderse, partiendo de la idea de aportar más visión política a las ya existentes.

Es por lo anterior que deberemos limitar la ejecución de esta investigación al desarrollo de unos cuantos ejemplos muy concretos y, desde nuestro punto de vista, relevantes, entendiendo que se trata de una selección sin pretensiones que obvien o sean excluyentes de otras tantas selecciones posibles, dado que existe extensa literatura y material musical relacionado con hechos históricos, con lo que también se intuye un límite al alcance y al detalle que esta investigación pueda abarcar, básicamente por la cantidad de lugares y hechos dignos de estudio, de modo que el ejercicio de síntesis será evidente.

Por último, no se trata de cuestiones de izquierdas o derechas, de filiaciones políticas o afinidad hacia la política. Tampoco de explicar que todo contiene un elemento político o que toda pretensión política no es significativa si no hay música de por medio.

Intentaremos ser objetivos, no ver los ejemplos analizados como hechos afines a ideologías de las que somos contrarios o partidarios. No vamos a discutir si Cuba es o no una dictadura o si existe o no represión política en el estado español, ni siquiera si al ser la democracia costarricense una de las más consolidadas de Abya Yala, provoca que no se de en el país centroamericano una producción de música social o de contenido político como el que puede darse en los países vecinos; o que la intencionalidad de un compositor es claramente la de derribar con sus canciones un régimen o bien, ensalzarlo tanto como pueda sin importar las consecuencias.

Veamos este viaje como lo que es: un relato de hechos históricos y actuales en el que tercian dos elementos que nos son comunes a todos y cómo dichos elementos han podido dar, o dan, un significado distinto a todo lo acontecido, siendo la información que hemos recibido un reflejo del sentimiento político y social de un lugar cualquiera expresado mediante el arte de Orfeo.

II

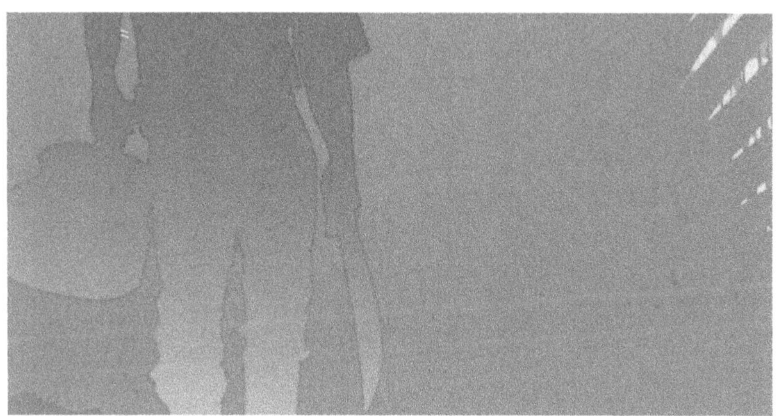

EL PODER DE LA CULTURA Y LA CULTURA DEL PODER

Ahora mismo nos va a dar igual si somos politólogos, músicos profesionales o de vocación, si nos sentimos apolíticos o si creemos que política es lo mismo que politiquería, o que quien estudia Ciencias Políticas lo hace para hacerse político o politiquero profesional.
Obviemos también si la canción de protesta es una cuestión de afinidades izquierdosas, o si los himnos que cantamos en la iglesia reflejan mejor la política de los partidos conservadores que velan por el bienestar de la "familia tradicional". De hecho, dejemos de lado los posibles conceptos de familia o género que nos puedan venir a la cabeza en este momento.

Somos simple y llanamente personas que trabajan, estudian o intentan sobrevivir, o bien, que procuran engrosar un patrimonio devenido de saber qué factores o, más tranquilamente, personas que no ven sentido alguno a cualquier convención social y buscan alternativas propias de vida. Nadie es profesional de nada aquí y ahora.

No vamos a usar citas bibliográficas en este momento y vamos a huir de los tecnicismos más académicos para abordar esta primera etapa del trabajo que se escribe delante nuestro.

No hablemos de política partidista de ningún tipo, ni de músicas cultas o populares según el estrato social del oyente.

Negociemos un ritmo bajo el cual proceder a la lectura de estas líneas. Acordemos los posibles matices que se requieren para entendernos a la hora de examinar ciertos ejemplos que puedan venir en las páginas siguientes, sin que ello elimine nuestra intencionalidad política o apolítica o nuestra afinidad al heavy metal, Mozart o al reguetón.

Haciéndolo, estaremos haciendo política.

Hemos pensado en un interlineado de 1.5 y letra del tamaño 12, para que la lectura por página sea más rápida y constante, de manera que ese temor que todos tenemos al iniciar con un texto quede compensado librándonos de esa imagen de cientos de hormiguitas juntas y en hileras inacabables, que intentan por todos los medios meterse en nuestra mente con una densidad tal que pronto colapsan nuestras vías de concentración.

Tenemos el "poder" de hacerlo, el poder que, sintetizando algunas teorías que existen acerca de este, implica que dentro de una interacción social – en nuestro caso de escribas y lectores – "A" (escribas) tiene la capacidad de obligar a "B" (lectores) a hacer "C" (leer este libro), quiera o no "B" hacerlo (leer).

En sí, una imposición de fuerza y voluntad que no tendría sentido si, llegado un punto de inflexión, "B" consigue revelarse contra las imposiciones de "A" y no hacer "C", sino "D" (mirar la telenovela, por ejemplo).

Entonces, como "A", intentaremos imponernos mediante la fuerza, ejerciendo cierto grado de violencia desde nuestra posición de dominio, haciendo uso de la capacidad de coerción que tenemos sobre "B" y obligándole de nuevo a hacer "C" como queremos. Pero, incluso con toda la violencia o poder coercitivo que pudiésemos desarrollar como "A", no podemos someter a "B" de manera permanente, pues "la violencia engendra violencia" y no queremos un conflicto constante. Queremos que "B" nos lea y nos entienda, y que nuestro discurso se sostenga.

Entonces, dotemos de atractivo nuestro relato, llenemos esos espacios donde no podemos ejercer control, sobre todo el espacio de la voluntad personal. Ofrezcamos interés, cultura e implícitamente en esa cultura, como la publicidad subliminal de las películas, difundamos nuestra idea y sometamos a "B" por otros medios.

Tenemos efectivamente el poder de controlar lo que ahora mismo se lee en estas líneas, con más disimulo, sin violentar al lector. Estamos transmitiendo un mensaje, hemos abreviado las teorías del poder – al menos una visión – mediante la redacción y lectura de unos cuantos párrafos.

Ahora podemos intuir, sin ser expertos, que el poder es una condición que privilegia obviamente a quien lo ostenta, pero que no es permanente, que puede fluctuar y que debe intentar mantenerse no solo mediante el uso violento de la fuerza ¡No es suficiente!

Esta manera de ver el Poder es la misma que hasta cierto punto fundamenta la concepción del Estado. Podemos hacer lo que queramos dentro de estas páginas. Son nuestro territorio, nuestro espacio delimitado por unos márgenes que vendrían a ser las fronteras, donde nuestra capacidad de coerción y ejercer la violencia es la que es.

Claro está que el lector tiene la posibilidad de cerrar este libro y arrojarlo al tarro de la basura, algo que con el Estado no es tan fácil de hacer. Pero siguiendo el hilo, imaginemos que no podemos escapar escritores y lectores de este encuadernado – o formato electrónico – y que estamos condicionados a escribir y leer tanto como en él se albergue.
¡Saltos de página! Sería una buena solución. Pero como quienes ostentamos el poder queremos seguir manteniendo esta

posición, tal y como ya apuntamos antes, buscaremos con insistencia maneras de hacer más llevadero el trayecto.

Es obvio que quien se acostumbra al poder no quiere que este le abandone y dentro de esos medios posibles y maleables que le ayudarán a mantenerse en él se encuentra la cultura.
Controlando la cultura o, mejor dicho, los medios de producción de ciertos hechos culturales podremos buscar la afinidad de "B", de manera que sea fiel a la idea de hacer "C". Que quiera por sí mismo hacer "C".
No queremos dejar de escribir ni transmitir nuestra idea a la vez que no queremos que se dejen de leer y asumir dichas ideas. Necesitamos apoyarnos en un factor que nos ayude.

Como "A", nos hemos dado cuenta que la cultura tiene un poder distinto, que es una cuestión de identidad, de conocimiento, de acervo propio y compartido, o no, pero que podríamos asumir como parte de nuestra visión de aquello que es "C" para nosotros y que esperamos que "B" haga. Pero ¿Qué entendemos por cultura?

Podríamos decir que es la manera de vivir, de pensar, de actuar, así como el cúmulo de costumbres o tradiciones que adquieren los miembros de una sociedad y se transmiten de una generación a otra. Dicha transmisión abarca las expresiones artísticas, las creencias, los conocimientos, la moral y la manera de aplicar justicia – entendiéndolo como derecho – incluso la alimentación y los hábitos de higiene.

Hay antropólogos que sostienen que la cultura se aplica a las reglas mentales para hablar y actuar dentro de una sociedad, y propugnan que es una cuestión más social que cultural, en tanto que otros sostienen que lo social se aplica a la relación entre distintos grupos de una sociedad y la cultura se aplica al estilo de vida de los miembros de una sociedad.

Veamos nuestro texto como el entorno socio cultural en el que nos desarrollamos ahora mismo. En este espacio ejercemos nuestro poder, también adquirimos nuestra propia cultura y hacemos que ésta funcione según nuestros criterios. Es una idea, algo propio a la sociedad que el antropólogo Bronislaw Malinowski, única mención clara que haremos en este capítulo, denominó como funcionalismo, que viene a ser la institución de la sociedad que desarrolla una o varias funciones encaminadas a la satisfacción de las necesidades de sus miembros, definiendo la cultura como un "todo funcional", que está al servicio de las necesidades humanas, que son las condiciones que se manifiestan en el organismo humano y la cultura dentro de un ambiente físico necesario para la supervivencia del grupo.

Malinowski estableció una premisa que distingue entre las necesidades biológicas, que son las que nos mueven cuando estamos en contacto con el medio, es decir, nutrirnos, reproducirnos, movernos, sentirnos seguros, la salud, bienestar físico y que son universales e inherentes a toda cultura, dado que son necesidades que todos debemos atender; y lo social, necesidades derivadas de las anteriores pues, por ejemplo, para satisfacer la necesidad de nutrición/alimentos, debemos generar técnicas que hagan posible su obtención/satisfacción, creando así una cadena de conocimientos que luego se transmitirán y ampliarán con el tiempo.

En sí, la cultura tiene un poder muchas veces superior al de la capacidad de coerción o la fuerza que podamos ejercer contra "B", de ahí nuestro interés en mantener los medios de producción cultural o la cultura en sí bajo nuestra gestión. Es una forma de poder, de control, de acrecentar nuestra hegemonía dentro de este libro, de nuestro libro-Estado.

Pensemos por último en este concepto "Estado" …

La concepción de Estado puede ser muy diversa, pero simplifiquemos el concepto a la idea de un país cualquiera, un Estado – democrático o no, de hecho, ahora mismo nuestro libro-Estado es una suerte de dictadura – que tiene razón de ser gracias a la cultura de sus habitantes, a la idea de identidad que estos puedan tener, que viene a ser el principio activo del concepto de Nación y este, a su vez, de la idea moderna que tenemos del Estado.[9]

Así, como somos "A", ubiquémonos hace 13 mil años en Oriente Próximo. Hablemos de una región que contaba con animales domesticables y abundancia de gramíneas que permitieron abandonar el nomadismo y el modo cazador recolector de subsistencia, para establecerse en asentamientos. Las cosechas no se podían transportar de un asentamiento a otro, por lo que se construyen los primeros graneros/almacenes y los asentamientos pasan a ser permanentes. Crecen los campos de cultivo y se domestican ovejas y cabras que entonces se mantienen en rediles, lo que implica la no necesidad de la caza – hablamos del neolítico.

Estos asentamientos superan el tamaño de las aldeas de cabecillas o grandes hombres deviniendo en jefaturas sencillas. Crece el temor ante incursiones de otros grupos, con lo que aparecen los primeros métodos de defensa (murallas, torres, fosos, etc.). No obstante, estas sociedades inician el comercio

9 No afirmamos nada. No se trata de discusiones semánticas acerca de la idea de nación o estado como tal o de si primero fue el huevo o la gallina. Es una cuestión de análisis a tratar en otro tipo de estudio, pero que miraremos más adelante en

distante, intercambiando objetos (cerámica, obsidiana, etc.). Ahora, la necesidad de agua para cultivo y ganado asociada a la dependencia de la lluvia, impulsan la aparición de los sistemas de riego y posibilita el desplazamiento a tierras más secas, con lo que ya no es necesario vivir cerca de las corrientes de agua.

En vista de lo anterior, se asume que los primeros que ven el surgimiento de una idea de organización que hoy asimilaríamos al Estado son los sumerios, quienes empiezan a depender del regadío para sus campos y les obliga a quedarse definitivamente establecidos; veámoslo como la transición del "asentamiento" hacia el concepto "estado", entendiendo claro las grandes diferencias que existen entre nuestra idea moderna de Estado y lo que los propios sumerios podían considerar de sí mismos y su forma social de organización.

Aparecen los aspirantes a reyes, que exigen impuestos y mano de obra para infraestructuras públicas y los habitantes de a pie se dan cuenta que no se pueden ir, pues implicaría perder todo para volver a un estilo de vida nómada para el que ya no están hechos. Pasamos de las guerras entre jefaturas al poderío militar sumerio, virtud que solo un Estado tiene y con ello a la expansión territorial y al concepto inicial de "Poder Estatal".

este libro de manera ilustrativa de uno de los casos escogidos para desarrollo de nuestro ensayo.

En las páginas venideras abandonaremos ya cualquier obligación, no existen "A" o "B", pero esperamos que la idea que fundamenta este trabajo planee sobre el análisis de los casos que elegimos para estudio, es decir, "C".

El pensamiento inicial que pretendíamos transmitir con este primer capítulo es que tanto el poder como la cultura son realidades políticas que pueden estar relacionadas de distinta manera y que, llegados a cierto punto, resultan imprescindibles en nuestra manera de entendernos a nosotros mismos como sociedad.

Entendemos entonces que el poder necesita de la cultura, precisamente, por el poder que ostenta y se contiene en la cultura.

III

¿POR QUÉ MÚSICA Y POLÍTICA

Desde que la comunicación verbal entró en funcionamiento en nuestros cerebros homínidos, la capacidad de idear y formar nuevas maneras de comunicarnos ha trascendido hasta nuestros días a través de una continua evolución cultural, muy vinculada a nuestra propia diversidad e identidad.

Puede que al pensar en la música electrónica, clásica, de diseño, comercial o no que suena en el hilo, autorradio o en la discoteca, se entienda la música como un hecho de por sí presente en nuestras vidas, carente de más amplitud que el límite del "me gusta o no me gusta" sin ir más allá – como normalmente sucede –. Pero no es tan sencillo: hace miles de años, en algún lugar de este mundo que llamamos hogar, un ser eminentemente pensante sopló por un carrizo que limpiaba para elaborar una herramienta o golpeó por casualidad un tronco hueco que le respondió con una dimensión sonora que llamó su atención o tal vez, ante la sorpresa del animal que intentaba robar su comida palmeó con fuerza, o un día finalizó su bostezo matinal con un silbido involuntario muy semejante al de las aves de su entorno ¡Nunca se sabrá!

Podemos entenderlas como teorías, entre las muchas teorías que ahora mismo resultarían válidas como origen de la música, ninguna acertada, todas falibles y todas creíbles, todas posiblemente descriptivas, pero ¿Quién estuvo allí para verlo? De nosotros ¡Nadie!

Si observamos a un niño de escasa edad, cuya inteligencia es una esponja que absorbe información y evoluciona constantemente, podríamos tener un atisbo de nuestros antepasados homínidos a través de sus ojos de sorpresa y descubrimiento ante el objeto que golpea y le responde con sonoridad. Somos seres musicales desde el vientre.

Ahora bien, si tan disperso en el tiempo queda dicho inicio, más lo es el momento en el que una secuencia de sonidos, tempos, cadencias y elementos de producción de los mismos – el cuerpo o utensilios – entraron a formar parte del acervo de un grupo social cualquiera que, a partir de un punto de inflexión, se identificó a sí mismo con aquellos sonidos, llegando a implementarlos como parte de su "yo" social común a su universo propio: hakas maoríes, danzas zulú, el guqin chino, la cumbia colombiana o los sikus andinos, etc.,

> "las manifestaciones musicales del hombre consisten en la exteriorización de sus sentimientos a través del sonido emanado de su propia voz y con el fin de distinguirlo del habla que utiliza para comunicarse con otros seres. Los primeros instrumentos fueron los objetos o utensilios o el mismo cuer -

po del hombre que podían producir sonidos."[10]

Dicha evolución a posteriori se llegó a enmarcar dentro del espectro que hoy conocemos como cultura, y ésta se tornó en una herramienta clara de identificación y distinción de entre otros conjuntos humanos, induciendo a la segregación, también musical, de los distintos clanes, grupos sociales, etnias e identidades a las que nos hemos acostumbrado. Por otro lado, la diversidad étnica o cultural antes mencionada devino también en el desencuentro y el conflicto. Grupos que se defendían de sus enemigos – llamémosles clanes o especies si diferenciamos neandertales de cromañones – y con estos desencuentros la necesidad de supervivencia, de la subsistencia del colectivo.

Jean M. Auel[11], por ejemplo, nos hablaba de manera clara y

[10] En este punto es preciso hacer una aclaración: todas las fuentes consultadas coinciden en el mismo criterio que, dicho sea de paso, es el mismo del que partió la formación musical de este autor, siendo a su vez el que, con los años, ha asumido como propia de manera que tras consultar diversos medios y fondos bibliográficos se llega a la conclusión de que no existe una fuente inicial clara de dicha aseveración, pero todas coinciden en la idea central, con lo que nos hemos remitido a la última fuente institucional de la cual se ha recuperado el texto citado, a saber, la Enciclopedia en Red del Gobierno de Cuba (Ecu Red).

[11] Jean Marie Auel es una escritora estadounidense conocida por su saga *Los hijos de la tierra*, una serie de novelas que transcurren en la Europa prehistórica en las que explora la posible interacción entre los hombres de Cromañón y los de Neanderthal. Sus libros han vendido más de 45 millones de ejemplares en todo el mundo y han sido traducidos a varios idiomas. Recientes estudios genéticos darían verosimilitud a la novela de la escritora, al indicar que el hombre moderno y los neandertales compartirían un 4% del genoma; a pesar de que las evidencias fósiles son escasas, supone la existencia de al menos algunos episodios de entrecruzamiento entre homínidos del Pleistoceno.

apegada a los requerimientos científicos de su momento, de la forma en que los grupos humanos prehistóricos presumiblemente se interrelacionaban. Nos adelantaba hace cuarenta años una visión – entonces criticada y hoy demostrada a nivel científico y genético – de lo que dichas interrelaciones dieron de sí, es decir, la combinación o mestizaje en muchas partes del continente europeo y Eurasia, de dos especies distintas, algo que no se dio por mera casualidad y no hace falta ser biólogo, antropólogo o arqueólogo para intuirlo.

Existió un primer contacto, una primera reacción, un primer encuentro entre culturas distintas, ya fuere entre cromañones y neandertales o entre distintos grupos cromañones, que condujo irremediablemente al conflicto, a la discusión, a la negociación y al igual que con la música, a los primeros atisbos de eso que denominamos política. Más adelante los griegos le darían un sentido a ese comportamiento humano y con ello a una concepción y una definición sistemática del mismo. Es ahora donde cabe recordar aquello del "zoon politikon", pues es de recibo mencionar que:

> "Aristóteles caracterizó al ser humano que actúa en la esfera pública como zoon politikon (ζῷον πολιτικόν). […] ya que sugiere que el ser humano está predispuesto a la sociabilidad: el hombre por naturaleza es un animal social que vive con otros y sólo puede alcanzar la justicia y el bien común a través

> del diálogo y la deliberación, puesto que, como el mismo Aristóteles señala, es el único zoon logon ekon (ζῷον λόγον ἔχον). Esto implica que la naturaleza política del ser humano se deriva de su naturaleza retórica". (Rus Rufino & Arenas-Dolz, 2013, pág. 1)

Hoy en día a pocas personas les es ajena la imagen de las recepciones oficiales, donde siempre prima el acervo del anfitrión. Lo vemos en muchas partes, incluso en los desfiles militares con hileras de soldados que marchan, cómo no, al son de una cadencia marcial-musical.

Veamos este capítulo como un acercamiento a la musicalidad de una sociedad cualquiera, al desarrollo de sus facetas sociales, concretamente a la política, vista ésta no solo como una herramienta de participación o sugestión popular, sino de posible influencia en las decisiones o devenires que afectan al colectivo. Para ello tendremos que ser prácticos, dado que la presencia de la música en distintos momentos de la historia reciente es evidente, sin desdeñar por esto los muchos ejemplos que podríamos encontrar a lo largo de toda la historia, pues hacer uso de todo el compendio histórico superaría con creces los límites razonables de este trabajo.

No obstante, como veremos más adelante, este texto podrá parecer extenso, pero será porque es imposible abstraerse de incluir en su desarrollo elementos artísticos (musicales) muy vinculados a hechos políticos, que ejemplifican el proyecto. Son elementos que podrían ser obviados, aunque no por ello dejan de ser importantes en el desarrollo de nuestro análisis, de ahí que sea de recibo incluirlos.

Para empezar, debemos plantearnos un problema, que viene a ser el intentar establecer un nexo, al menos una aproximación al hecho musical como una herramienta más en la cual poder basar el estudio y el análisis de los hechos seleccionados, concretamente en el ámbito de las Ciencias Políticas.

Puede parecer de entrada un objetivo harto ambicioso y carente de novedad, pues cabe recordar que ya se analizan otras manifestaciones artísticas como la novela, la poesía o el teatro. Pero si consideramos el potencial que tienen la música y sus manifestaciones dentro del marco político, sin extendernos sobre una infinidad de casos en los que podríamos hallar tantas particularidades como sistemas de partidos existen, podremos estudiar hechos que nos permitan, en la medida de lo posible, desarrollar una visión diferente.

Por lo general, el análisis político se ha enfocado mayoritariamente al estudio de hechos concretos sirviéndose, como es normal de las mismas herramientas habituales (el análisis estadístico, por ejemplo) que no han variado apenas en las últimas décadas, salvo en el avance tecnológico que facilita su manejo.

No pretendemos con lo anterior restar importancia a las herramientas de análisis e investigación social, histórica o política de las que nos servimos o con las que nos llega la información de nuestro entorno. Al contrario, intentamos observar si existe un vínculo entre áreas de conocimiento distintas como la Historia, la Sociología o la Ciencia Política con el hecho musical o expresado de otra manera, saber si el estudio de los fenómenos musicológicos inmersos en el ambiente político de una sociedad, pueden resultar en una herramienta de la cual valernos para el análisis de un hecho político cualquiera, ampliando con ello el alcance de conocimiento dentro de éstas y otras disciplinas, a un factor que es tan básico y de dominio del acervo popular como es el hecho musical.

La Ciencia Política, la Sociología, la Estadística, etc., siempre se han valido de encuestas, de recercas bibliográficas, del análisis de eventos históricos, o del estudio de los sistemas democráticos, de partidos o sistemas políticos que explican la evolución de un país, un régimen político o un continente en conflicto constante, para conseguir su cometido. Se sostiene

que preguntar a 1000 personas por quién votarán brindará una perspectiva de las inclinaciones políticas de una sociedad, pero, si es una dictadura ¿Cómo medimos esas posibles inclinaciones políticas en un ambiente no democrático?
Nos encontramos ante una complejidad que se puede responder de otras maneras, también de análisis, como pueden ser los clivajes culturales, lingüísticos, étnicos, pero ¿Y la música que suena en ese momento?

Si nos detenemos a escuchar al *juglar*, tanto el histórico como el moderno, puede que descubramos que siempre hemos tenido los altavoces de una voz muy cercana a la sociedad a nuestro alcance. La cuestión es que lo hemos encajonado dentro del clivaje cultural, donde ya tenemos otras manifestaciones artísticas que nos dan fe de lo sucedido, pero a diferencia de la pintura, la poesía, la novela, etc., la música no es solo el relato de un único autor.

Es cierto, hay cantautores, compositores y, cómo no, músicos, los instruidos y los que no, que son testigos y transcriptores directos de los hechos que les rodean, pero al contrario que las disciplinas antes citadas, una melodía está al alcance de todos, incluso de quien no sabe leer ni escribir.

Sí, existen partituras, pero como compositor siempre tarareas primero aquello que luego escribes, y aunque podemos decir que todos pueden pintar, escribir o actuar, la música al igual que las leyendas, historias, enseñanzas que pasan de padres a hijos, se interioriza desde la pura tradición oral, pues ningún niño necesita más que la voz de su madre para entender y aprender a tararear un arrullo, una canción de cuna…

Lo mismo pasa con la política, somos prisioneros del conflicto y de la negociación desde que nacemos, aunque tal vez nunca lo lleguemos a entender así. Nos mueve la política en todos los aspectos de nuestra vida cotidiana, no precisamente la estatal, la que maneja los hilos del poder, no. Hablamos de la que lleva a acuerdos familiares o sociales que evitarán que un hijo o ciudadano mal guiado cause un daño social el día de mañana.

Extrapolando lo micro a lo macro (lo personal a lo social), observamos que muchos de los hechos musicales, que se han movido dentro de los hechos políticos, no siempre han sido resultado de la voluntad de un autor, un ejemplo es el *Cant dels Segadors* en Catalunya (España), que si bien es cierto ha experimentado una evolución, encuentra su origen en la tradición oral devenida de la Guerra de los Segadores, aunque se tenga como un canto anterior a este hecho, pero ¿Quién fue su autor original?

Se sabe que llegó a nuestros días y ha evolucionado hasta convertirse en un himno, pero en esencia es el relato de un hecho político explicado por una parte de la sociedad, entonces ¿Por qué este canto no se ha analizado como un hecho político en sí?

Es en ejemplos como este, que fundamentaremos el objetivo de este trabajo y responderemos a la pregunta que motiva este capítulo.

Cambiemos de escenario… Una de las primeras acciones llevadas a cabo por el régimen militar de Pinochet en Chile, fue – en lenguaje coloquial – ir a por los músicos. El golpe de estado fue un hecho que ha dado de sí biografías, páginas de libros de historia o de tertulias bohemias escuchando canciones de Víctor Jara, pero, a pesar de que somos conocedores por intuición o información del componente político implícito, seguimos obviando que podríamos profundizar aún más desde estas disciplinas o nuestra curiosidad, y explicar un hecho político tan relevante desde un prisma único: la visión de una parte de la sociedad chilena de lo que acontecía a través de la voz del propio Jara, quien no solo compuso canciones, sino que recuperó de la tradición oral del Chile de entonces, el sentimiento político de la sociedad rural, urbana y proletaria del país.

Ambos casos los trataremos más adelante con mayor detenimiento.

Creemos por lo anterior, y solo han bastado un par de ejemplos, que el problema de investigación planteado queda ampliamente justificado. De esta manera, al sugerir como posible este tema de investigación creemos que encontrar imbricaciones válidas entre el hecho político y el hecho musical es factible, pero al ser un ámbito del que existen menciones politológicas, cuyo objetivo generalmente es el de la mera ejemplificación, nos hace pensar en cómo ver este tema de investigación como herramienta. Empero damos de lleno con que intentamos *construir la casa desde el tejado*, pues si queremos visualizar este objetivo la cuestión no radica en su posible utilidad, sino en el camino a recorrer para llegar a ésta, con lo que es necesario plantearnos la cuestión desde otro enfoque, por tanto, primero habremos de responder ¿Cómo han interactuado música y política en los hechos políticos de la historia reciente?

Puede que despejando esta incógnita aclaremos un poco el camino de quién quiera analizar una letra, canción, pista musical cual fenómeno del comportamiento social, al ser implícitamente un altavoz del pensamiento de una parte de una sociedad en el estudio de un hecho político relevante, al cual, la estadística, la historia o la encuesta no llegan, pues el componente psicológico de la música abarca mucho más de lo que, como politólogos somos conscientes, por lo que hemos de tomar en consideración que

> "El estudio del comportamiento musical ha de observar desde sus comienzos, que el individuo comprende una dimensión biológica, otra psicológico-emocional y su inserción en un entorno o medio social. Por lo tanto, ha de contemplar la influencia que representa la música en su totalidad para el cuerpo, la mente, la emoción y el espíritu, y cómo se relaciona este individuo con la naturaleza y el medio social." (Lacárcel Moreno, 2003, pág. 214)

Es una cuestión que nos da ya no solo una perspectiva individual sino social de la música y su posible influencia política.

En resumen

Se trata entonces de considerar que la música puede ser también un fenómeno a tomar en cuenta en el estudio del comportamiento político de la sociedad, lo mismo que el hecho musical supone un conducto mediante el cual un régimen político puede manifestarse, verse reafirmado, o bien, ser atacado y debilitado.

Así, con este ejercicio evidenciar que existe una relación bidireccional entre el hecho político y el hecho musical y además, que esta comunicación bidireccional puede fluir desde la sociedad hacia la política del estado o desde el estado hacia la forma en que la sociedad entiende la política.

Finalmente, mediante el análisis de los casos que estudiaremos y el potencial que el estudio de las manifestaciones musicales en hechos políticos supone, tanto desde una perspectiva histórica y musicológica, como desde el punto de vista de las Ciencias Políticas, intentaremos:

a. Mostrar que existe una imbricación entre la cultura musical y la cultura política de una sociedad cualquiera, mediante la ejemplificación de algunas manifestaciones reales, próximas y no tanto, en la historia, y así,
b. Entender dichas manifestaciones musicales como un elemento particular dentro del clivaje cultural, de una

forma diferente, mediante el análisis de los hechos seleccionados y a través de éstos,

c. Ampliar la visión, no solo del politólogo sino la de cualquier persona con inquietudes políticas, acercándola a la visión del músico, juglar, la tradición oral y musical, desde cuya perspectiva será capaz de experimentar un sentimiento más próximo a la realidad social en que se da una creación musical con carácter marcadamente político.

IV

Imagen 1 – *Música de Irán.* Imagen de la pintura mural del palacio Hasht-Behesht, Isfabán, Irán. Datada de 1669.

MÚSICA Y POLÍTICA EN LA ANTIGÜEDAD – UN PARALELISMO HISTÓRICO

Ya en tiempos antiguos la música era seña de la identidad de cualquier sociedad, entendiéndola como cultura propia a la vez que resultaba en una manifestación del acervo político de dicho colectivo.

En la mítica película de Cecil B. DeMille, *Los Diez Mandamientos*[12], en la escena de la recepción ante el faraón Ramsés II, nos vemos ante un compendio y despliegue cultural basado en la música, el baile y la parafernalia. No es muy científico poner de ejemplo una película de cinemascope, pero hay mucho de cierto en aquella escena, lo mismo que en "Quo Vadis?" de Mervin LeRoy, donde asistimos al recital con el que Nerón, interpretado magistralmente por Peter Ustinov, deleita a los presentes con su lira en una de sus escenas.

La leyenda dice que Nerón cantaba mientras que Roma ardía, pero eso nos trae sin cuidado. Lo interesante es la asociación presente en nuestras mentes entre Nerón y la música, entre el poder y el arte musical, pues cabe recordar que

[12] Título original "*The Ten Commandments*", protagonizada por Charlton Heston, Yul Brynner, Anne Baxter e Yvonne De Carlo, entre otros.

> "durante el Imperio los romanos de la vieja escuela aún se sentían profundamente desconcertados por la afición de Nerón al canto y a tocar la cítara, "como se hace sobre el escenario", según describía Tácito. Según la mentalidad de un romano, esto resultaba un tanto degradante para la dignidad imperial. A ellos les parecía más adecuada la música marcial de las trompetas. De hecho, los instrumentos de viento formaban ya parte de las Milicias Romanas desde los tiempos de Servio Tulio, durante el siglo VI a. C."[13]

¿DeMille estaba loco? ¿LeRoy se lo inventó todo?

Por lo visto no...

Obviamente ambos dieron matiz e interpretación propia a aquellos hechos, pero no erraban en el leitmotiv de la cuestión pues la música, al igual que hoy, estaba presente en los eventos diplomáticos y políticos de la sociedad egipcia o romana en sus respectivas épocas; igual que para los griegos, junto a la comedia y la tragedia, la música representaba una de las bases más sólidas de las culturas helénicas, pues cabe recordar que la música es tal, o la definimos como tal, gracias a las musas, Orfeo y a Pan, y antes que a ellos a Hermes.

En la Antigua Grecia, según se apunta en un artículo publicado

[13] De *Reyes, Dioses y Héroes* de Montserrat Suáñez, Premio Alexandre Dumas de Novela Histórica con *La leyenda del enmascarado* y autora de la novela *La Corte del Diablo*. Fuente: http://themaskedlady.blogspot.com/2013/10/la-musica-en-la-antigua-roma.html

en 2013 en la revista Camino de música, de la Web de Música Clásica, la música "*era materia obligada de estudio, hecho que demuestra la evolucionada cultura del pueblo griego, no sólo en el terreno de otras vertientes artísticas que ya conocemos, sino también en el terreno musical.*" [14], encontrando aquí la que posiblemente sea la prueba más fiable a nivel histórico y académico de la relación de la música y la política, pues como también se apunta

> "la escuela pitagórica fue fundada por Pitágoras (585-479 a.C.), en la que, entre otras materias, se enseñaba su teoría musical como fundamento para la educación moral o del espíritu. La teoría musical de Pitágoras, [...] se basaba en las matemáticas y establecía una relación entre la longitud de una cuerda y el sonido emitido por la misma. [...] esto tenía detrás toda una teoría metafísica [...] decía que la música influía tanto en lo universal como en lo personal o humano, lo que convertía a la música en un arma muy poderosa al servicio del Estado. La misma idea la formuló Platón en su obra La República, en la que analizaba qué tipos de música enriquecía y beneficiaba la formación de los ciudadanos. Posteriormente Aristóteles demostró los fines terapéuticos de la música y su influencia en el estado de ánimo."[15] [16]

Antes de concluir este apartado podríamos hablar – a manera

[14] Web/Revista académica independiente de consulta habitual de músicos e investigadores profesionales, cuyas fuentes, por demás contrastadas, están íntimamente relacionadas con muchos aspectos de la historia de la música y la musicología, provenientes de archivos académicos y publicaciones científicas, acceso desde: https://caminodemusica.com/sin-categoria/musica-en-la-antigua-grecia

[15] Ibíd.

de pincelada final – de la herencia cultural que supuso para Roma el hecho griego, tanto en el aspecto político como en el social, por ejemplo: las odas, comedias y tragedias que inspiraron a los autores clásicos que bastante conocemos. La Ilíada, no deja de ser un poema épico sobre la caída de Troya, interpretada entonces como una tragedia en la cual el coro era parte fundamental, y así, siglos más tarde llegó a formar parte del tradicionario que inspiraría a eruditos, líderes y gobernantes que en Roma vieron una fuente de justificación y, por qué no decirlo así, arenga política con la que motivar sus acciones

> "de allí que, para una visión más comprensiva de Roma y su cultura, esta información debe ser complementada, contrastada y cruzada con otros elementos de la superestructura, como: El derecho, la religión, las artes, la literatura, [...] sus legiones (o ejercito), sus clases sociales, etc. Así se podría tener una relación más exacta de lo que fue Roma y el mundo que surgió bajo su signo."(Cortés Lutz, 2007, pág. 2)

Roma no fue solo una máquina de poderío militar e imperial, sino de dominio, impronta y riqueza cultural.

[16] Los aspectos subrayados los analizaremos con más detalle en el capítulo de adoctrinamiento mediante la canción.

Israel y Palestina – La música de un conflicto milenario

En relación al aspecto señalado por Cortés Lutz y que subrayamos en el apartado anterior, que hace referencia a la música como un arma poderosa al servicio del Estado, haremos nuestra primera aproximación, y será la única en la que iremos tan atrás en el tiempo, mediante el siguiente texto:

> "6: 1 Ahora bien, Jericó estaba bien cerrada a causa de los hijos de Israel; nadie salía y nadie entraba. 2 Y Jehová pasó a decir a Josué: "Mira, yo he dado en tu mano a Jericó y su rey, los hombres valientes y poderosos. 3 Y todos ustedes, los hombres de guerra, tienen que marchar alrededor de la ciudad, dando la vuelta a la ciudad una vez. De esa manera debes hacer por seis días. 4 Y siete sacerdotes deben llevar siete cuernos de carnero, delante del Arca, y al séptimo día ustedes deben marchar alrededor de la ciudad siete veces, y los sacerdotes deben tocar los cuernos. 5 Y tiene que suceder que, al hacer ellos sonar el cuerno de carnero, cuando ustedes oigan el sonido del cuerno, todo el pueblo debe soltar un gran grito de guerra; y el muro de la ciudad tiene que desplomarse, y el pueblo tiene que subir, cada uno directamente hacia delante de sí. [...]
> 8 De modo que aconteció tal como Josué dijo al pueblo; y siete sacerdotes que llevaban siete cuernos de carnero delante de Jehová pasaron adelante y tocaron los cuernos, y el arca del pacto de Jehová los seguía. 9 Y la fuerza equipada para guerrear iba delante de los sacerdotes que tocaban los cuernos, mientras la retaguardia seguía al Arca con un tocar continuo de los cuernos. [...]
> 16 Y aconteció que a la séptima vez los sacerdotes tocaron los cuernos, y Josué procedió a decir al pueblo: "Griten; porque Jehová les ha dado la ciudad. 17 Y la ciudad tiene que llegar a ser una cosa dada por entero a la destrucción; ella con todo

> cuanto hay en ella pertenece a Jehová. [...]
> 20 Entonces el pueblo gritó, cuando ellos procedieron a tocar los cuernos. Y aconteció que, tan pronto como el pueblo oyó el sonido del cuerno y el pueblo se puso a lanzar un fuerte grito de guerra, entonces el muro empezó a desplomarse. Después de eso el pueblo subió a la ciudad, cada uno directamente hacia delante de sí, y tomaron la ciudad. 21 Y fueron dando por entero todo lo que había en la ciudad, de hombre a mujer, de joven a viejo y a toro y oveja y asno, a la destrucción a filo de espada. [...]" (Sociedad Bíblicas Unidas, 1999)

Este relato del Antiguo Testamento nos presenta el conocido escenario de la caída y conquista de Jericó, donde los israelitas se sirven del arte, del sonido, amparados en su sistema teocrático, para conseguir influir en sus objetivos políticos. La ceremonial de los cuernos y las voces sirve tanto como un medio de inspiración divina que alentaba a las huestes hebreas, como intimidación hacia quienes habitaban la ciudad que les había sido prometida.

El hecho político es evidente: la expansión de Israel, donde conquistar Jericó es una necesidad para esta sociedad, y aunque según el antiguo testamento ésta ciudad no tuvo oportunidad de ceder pacíficamente a la ocupación israelí, se ha de intuir que los factores culturales de sus habitantes condicionaron los acontecimientos que se explican en el texto, dadas las diferencias, también (sobre todo y especialmente) religiosas, que existían entre estos y el pueblo invasor apostado a sus puertas.

Es un escenario político que podríamos equiparar a cualquier conflicto internacional actual, donde las negociaciones no llegan a buen puerto – o simplemente no las hay –, dando lugar a la historia relatada, y en el que de una forma evidente la música junto a otros elementos necesarios, juega un papel fundamental como instrumento de influencia política, pues cabe recordar que, por ejemplo, siempre que se abre una cumbre de líderes estatales lo primero que suenan son los himnos de sus naciones y que las marchas militares generalmente van acompañadas de las cadencias musicales que marcan su paso.

Volviendo a nuestro análisis, recordemos que el pueblo hebreo entonces se encontraba en un proceso de expansión y para ello se servía de todos los elementos culturales, sociales, religiosos, militares, etc., a su alcance para de lograr sus objetivos. Es más, si acercásemos dichos elementos a nuestra era, intuiríamos que su intencionalidad podría encajar en el pensamiento propugnado por Schmitt (Campderrich Bravo, 2006) (evidentemente haciendo un ejercicio de transposición de aquel hecho histórico a tiempos más actuales) donde lo importante es la soberanía del Estado, en nuestro caso del pueblo de israelí, entendiendo esta soberanía como una reivindicación, pero con la diferencia de que hoy día lo haría "*para poder así preservar un núcleo de poder político no sometido a controles democráticos en la era del ascenso de la democracia de masas*" (Campderrich Bravo, 2006, pág. 212), algo que en los años de Ben Gurión (milenios después) volverá a ser el objetivo de la nación hebrea.

Vuelve la idea de consolidación de Israel como realidad soberana, como potencia que fue en la Antigüedad, pues cabe recordar su condición teocrática de entonces, pero extrapolada a décadas recientes.

Así, La Guerra de los Seis Días, miles de años más tarde, vuelve a poner a Jericó en el punto de mira en lo que se refiere a la cuestión de la guerra y la paz en las relaciones internacionales. Israel, antes como antigua potencia militar y ahora como estado en ciernes – de ahí que este paralelismo sea tan interesante – repite la tendencia que "*rechaza el ideal del pacifismo jurídico de abolición de la guerra interestatal y denuncia de aquellos hitos de la evolución jurídico internacional*"[17] , yendo obviamente en contra de una posición más conciliadora como la defendida por Kelsen[18], que podría haber sido un elemento disuasorio de la política expansionista israelí de hace milenios o de su política "preventiva" de hace seis décadas. Hoy queda claro que no es

[17] Ibidem p. 12
[18] Ibidem pp. 12-13

así, menos aún lo iba a ser en tiempos de Josué y los muros de Jericó.

El intento de trazar un nexo entre un hecho histórico acaecido en la Antigüedad y teorías que le darían una explicación actual es evidente, al instalarlos en una visión política desde la cual poder discernir las intenciones socio-político-culturales que motivaron y motivan a Israel y el uso que dio y da a la manifestación artística como medio panfletario de justificación e impulso de su sociedad.

Centrémonos en el hecho de la *ceremonialidad* manifiesta en la caída de Jericó: las siete vueltas a la ciudad, precedida de seis días de asedio silencioso, tras los cuales los cuernos suenan como un estruendo al que se sumarán las voces de los hebreos... Sin estos elementos descritos como *hecho glorioso* en sí, la historia de la caída de Jericó hubiese pasado tal vez no desapercibida, pero sí sin más relevancia que la de una crónica político-militar más, de la misma manera que la Hatikva[19] cobraría relevancia a partir de 1948 al ser proclamada himno del recién creado Estado de Israel como una forma de reivindicación ante el mundo de su sino político.

[19] «La Esperanza», en hebreo, es el himno nacional de Israel. La letra fue escrita en 1878 por Naftali Herz Imber (1856-1909), poeta judío nacido en Zloczow (Galitzia), fue proclamado himno nacional de Israel en 1948, año de la creación del Estado de Israel.

En el lado contrario, con el surgimiento de Hamas en Palestina a finales de los 80 asistimos a una nueva faceta en este conflicto, pues tal y como apunta Carin Berg "*Hamas became the new resistance to Israel and an alternative for those opposing the secular party Fatah, especially after it committed itself to the US-led peace process in 1991*"[20] (Berg, 2012, pág. 301) ampliando así el abanico político en un desencuentro antiguo, pero incidiendo además en el aspecto cultural dado que uno de los aspectos en los que Hamas ha incidido es en la producción musical, no solo de corte islamista, que podría ser lo más fácil de pensar, sino que

> "The Hamas music, including anashid, can by and large be understood as having the following purposes: social affiliation and spreading the message of the organization, resistance against Israel, devotion to the religion of Islam, and tribute to and mourning of Hamas/Islamic leaders and martyrs. Interviewees explained that the songs should generally be understood to express collective feelings and the sense of belonging in relation to Palestine and the conflict with Israel." (Berg, 2012, 303) [21]

No se trata ya solo de una cuestión política o política-religiosa,

[20] [Hamas devino en la nueva resistencia contra Israel y en una alternativa para aquellos que se oponían al partido laico Fatah, especialmente después comprometerse con el proceso de paz liderado por Estados Unidos en 1991.]

[21] [La música de Hamas, incluida la anashid, se puede entender que, en general, persigue los siguientes propósitos: afiliación social y difusión del mensaje de la organización, resistencia contra Israel, devoción al islam y homenaje o lamento para los líderes islámicos y mártires de Hamas. Los entrevistados explicaron que, en general, se debe entender que las canciones expresan sentimientos colectivos y el sentido de pertenencia en relación con Palestina y el conflicto con Israel.]

pues trasciende a lo cultural y encuentra en la música una vía de comunicación con la sociedad palestina – una parte importante menos – que le apoya.
Sea uno u otro, ambos pueblos e identidades fundamentan en la música parte de su repertorio de reivindicación, para bien o para mal, del que hacen un uso constante.

En 2005, el control de Jericó fue devuelto por Israel a la autoridad Palestina. No obstante, la sensación es la de una ocupación militar permanente, pero este es un tema sobre el que no planearemos más dado que escapa del todo a nuestro propósito.

Hoy día se dan manifestaciones en contra de la insostenible situación de Palestina ante lo que muchos interpretan, las continuas vejaciones de Israel, y como hemos podido observar, no hace falta buscar demasiado para encontrar en la música una de las herramientas más potentes de denuncia política. Asistimos nuevamente al desarrollo de un hecho político que podríamos explicar mediante manifestaciones artísticas, por lo que resulta interesante ver el alcance que, a nivel externo a ambos estados, puede suponer directamente y desde dos perspectivas diametralmente opuestas.

Recordamos hechos como los de Eurovisión de 2009 y la

negativa de Noa a asistir al festival en representación de Israel, si con ella no participaba la cantante palestina Mira Awad, y la visión que Awad tenía de su propia realidad como músico y cantante, muy vinculada a la realidad política de su país ¿Tergiversación, maquinaria política, panfleto o propaganda? [22] [23]

La respuesta puede tener tantas interpretaciones como motivaciones encontremos, pero lo que queda claro es que el aspecto político en este conflicto de seis mil años sigue teniendo un elemento musical muy presente. Así, como último apunte de este apartado, haremos eco de la cuestión planteada sobre este tema por Nili Belkind *¿Se trata de un mensaje de paz o es una herramienta para la opresión?*

Belkind nos explica que:

> "Israel's contenders for the 2009 Eurovision Song Contest (known as the ESC or, as here, Eurovision) were the Israeli Jewish-Arab duo Achinoam Nini and Mira Awad. The chosen song was "There Must Be Another Way," a tri -lingual appeal for peace and reconciliation sung in Hebrew, Arabic, and English. The decision to nominate Nini and Awad as Israel's representatives to Eurovision was announced in early January, in the midst of a full-scale war Israel launched on Gaza and its

---

22 http://www.webislam.com/articulos/37108-apuntes_sobre_la_situacion_de_la_escena_musical_en_palestina.html

23 http://www.lavanguardia.com/musica/20110429/54146546493/mira-awad-los-artistas-que-hablamos-de-realidades-politicas-perdemos-audiencia-y-giras.html

> inhabitants, which came in response to several years of rockets fired into Israel from the Hamas-led territory." (Belkind, 201, 7)

Con lo que, si su intención realmente fue la de un mensaje pacificador[24] o, por el contrario, una manera de represión, la música volvió a ser protagonista política, reflejando, no solo a nivel interno a ambos estados la intencionalidad de sus actos, sino que convirtiéndonos en testigos de cómo el conflicto trasciende, nunca mejor dicho, a los escenarios internacionales.

24 [Los concursantes de Israel para el Festival de la Canción de Eurovisión 2009 (conocido como ESC o, aquí, Eurovisión) fueron el dúo árabe-israelí Achinoam Nini y Mira Awad. La canción elegida fue "*There Must Be Another Way*"*, un llamamiento trilingüe a la paz y la reconciliación cantados en hebreo, árabe e inglés. La decisión de nominar a Nini y Awad como representantes de Israel a Eurovisión se anunció a principios de enero, en medio de la escalada bélica que Israel lanzó contra Gaza y sus habitantes, en respuesta a los varios años de cohetes lanzados a Israel desde el territorio liderado por Hamas.] * "*Debe haber otro camino*"

V

Imagen 2 – Cantando la Marseillaise. Relieve realizado en 1832 por Françoise Rude (1784-1855), que decora uno de los pilares del Arco del Triunfo de París.

LOS HIMNOS SE VUELVEN A PONER DE MODA – EL NACIONALISMO MUSICALIZADO

El fervor patriótico siempre ha necesitado de ciertos elementos para poder dar de sí una idea de identidad y afianzarse entre aquellos que dudan entre el formar parte de algo o pertenecer por imposición a algo. Recordemos que los nacionalismos no nacen como tales sino hasta la aparición en sí del concepto "nación" y, en palabras de Ernest Renan:

> "Las naciones, entendidas de este modo, son algo bastante nuevo en la historia. La antigüedad no las conoció; Egipto, China, la antigua Caldea no fueron naciones en ningún grado. Eran multitudes guiadas por un hijo del Sol o un hijo del Cielo. No hubo ciudadanos egipcios, así como no hay ciudadanos chinos. La antigüedad clásica tuvo repúblicas y realezas municipales, confederaciones de repúblicas locales, imperios; apenas tuvo la nación el sentido en que nosotros la comprendemos. Atenas, Esparta, Sidón, Tiro son pequeños centros de admirable patriotismo; pero son ciudades con un territorio relativamente estrecho. Galia, España, Italia —antes de su absorción en el imperio romano— eran conjuros de pueblos, a menudo ligados entre sí, pero sin instituciones centrales, sin dinastías."[25]

[25] De Ernest Renan ¿Qué es una nación? Conferencia dictada en la Sorbona, París, el 11 de marzo de 1882. Recuperado de: http://perso.unifr.ch/derechopenal/assets/files/obrasjuridicas/oj_20140308_01.pdf

Así pues, la cuestión recae en el nacionalismo, en la idea de nación y en los elementos políticos, objetivos y subjetivos que impulsan el sentimiento nacional, como bien puede ser el aspecto simbólico del que puede valerse cualquier – nos tomamos el atrevimiento de limitarnos a llamarlo así – etnia o grupo cultural, desde el más primitivo al más avanzado.

Sin ir más lejos, de tanto en tanto escuchamos "quejidos" que piden letra para el himno español, pues tal cual está parece que no sirve, aunque siendo claros cabe recordar que letras ha tenido, variopintas y de todo calado, desde el reciente "*rojo, amarillo, no pido perdón*" de Marta Sánchez, hasta el sonado "*Franco, Franco, tiene el culo blanco*". Perdón por lo soez del último verso, es necesario anotarlo, pues partimos desde la perspectiva de que ambas son manifestaciones del sentimiento nacional o político existente en cada tiempo y contexto, dado que en tanto la letra de Sánchez busca ciertas afinidades (teniendo una clara autora), la segunda es una manifestación popular de descontento o mofa hacia el estamento político que la figura de Franco y el himno español representaron en un momento dado, donde no hay un autor conocido. Ambas son manifestaciones políticas de una parte de la sociedad, ambas al alcance del individuo, ambas herramientas de reivindicación política y, por tanto, ambas, herramientas que podrían ayudar al estudio de los hechos políticos que llevan a su aparición.

Obviamente se pueden enmarcar con cierta facilidad en un contexto histórico o en hechos recientes, siendo posible para personas que carecen de cierta formación politológica o musical identificar los hechos o momentos a los que ambos versos aluden, dando cierta interpretación política al mensaje que pueden o pretenden transmitir, sintiéndose a su vez identificados o no con estos.

Abramos la perspectiva, en palabras de Muñiz Velázquez, complementando un poco más la idea de Renan:

> "no debemos olvidar que el Franquismo no fue otra cosa que un nacionalismo de corte autoritario y fascista instalado en el poder casi cuarenta años, Ernest Geliner, entre otros, nos señala que tener una nacionalidad (una nación a la que pertenecer) no es algo inherente a la naturaleza humana, y muchas son las pruebas que nos da de ello la Historia, la Antropología, la Sociología, la Psicología... Por tanto, si la nación no es natural deberá ser cultural, simbólica. En ese conjunto de símbolos que forma la nación deberá haber necesariamente un sitio para los sonidos. La nación debe quedar limitada en todas las dimensiones culturales y sensoriales del individuo. La nación no puede ser sólo visual, debe ser también sonora.", (Muñiz V., 1998, p. 344)

Visto esto, no deberíamos caer en el error de asumir que el nacionalismo es una cuestión meramente política, es algo cultural y existe un elemento sentimental en este término.

Puede resultar difícil de interpretar si lo pensamos solo desde la doctrina politológica pues, como veremos más adelante, el poder necesita de la cultura, no solo de la fuerza, para ejercer su control, sus políticas, y es algo a lo que también puede llegar a temer. Lo veremos con más detalle en el capítulo dedicado al adoctrinamiento[26].

Yendo no tan atrás en la historia, como en el capítulo anterior, podemos – nuevamente – encontrar hechos históricos más cercanos a nosotros, que paralelamente tienen su influjo musical en la actualidad: por un lado, la Revolución Francesa y *La Marseillaise*, en Francia y, del otro, la conocida como Guerra de los Segadores y el *Cant dels Segadors*, en Catalunya ¿Por qué nos resultan ejemplos interesantes?

Ya no solo por la influencia del hecho político en la historia, sino que, al ampliar el marco, observamos como ambos hechos encuentran su manifestación artística representativa sin dejar lugar a dudas de su sino político.

[26] En Costa Rica es de obligado cumplimiento asistir a los *actos cívicos* en las escuelas de primaria, al menos lo era cuando era un educando. Todo acto cívico, además celebrar alguna fecha patria, se abría siempre cantando el Himno Nacional, o en su defecto la Patriótica Costarricense cuando se entraba en lo que se denomina mes patrio (setiembre), o el himno patriótico correspondiente al acontecimiento histórico que se celebrase sin olvidar, con la mano en el pecho, el saludo a la bandera: "*Salud noble bandera de blanco, azul y rojo, jamás ningún*

Revolución francesa y La Marseillaise

La Marseillaise movió la intencionalidad de parte del pueblo llano francés, arengado por la ilustración, que luchaba por sus derechos sociales y políticos en contra de la corona; en tanto que *Els Segadors* se ha implantado en el acervo de una parte de la sociedad catalana como un hecho generador de reivindicación política. Antes de ser himnos, como lo son ahora, fueron canciones, manifestaciones artísticas populares dictadas desde el quehacer popular, una con autor conocido – polémica incluida al respecto – y la otra recuperada del tradicionario, que han devenido en todo un manifiesto político en ambos territorios.

Ahora bien, no nos podemos limitar a decir que son solo himnos institucionales de ambos territorios (ver la conferencia de Renan y su concepto de naciones), sino que vuelven a estar de moda en el ámbito político, con lo que podemos observar cómo una canción no sólo lo dice todo sobre la historia de una nación, sino que también puede ayudar a crear la nación misma.

En torno a La Marseillaise existe cierta polémica, como que es un plagio de un canto germánico o que su autor fue coacciona-

sonrojo fue mancha a tu esplendor. La banda bucanera cayó a tu sombra, herida,

do para que la compusiese. En todo caso es algo en lo que no entraremos, pues nos interesa su alcance político y si nos atenemos a la historia conocida vemos que:

> "Le 25 avril 1792, Rouget de Lisle assite à un diner chez le Maire de Strasbourg ; on le presse de compose un nouvel hymne. Le lendemain, après une nuit d'efforts, il va chanter son oeuvre au Maire enthousiasmé ; le chant ets baptisé « Chant de guerre de L'Armeé du Rhin ». Le 29 avril Rouget donne la première représentation publique de son chant ; dès le 27 de juin on le trouve publié dans un journal marseillais. Ce sont les Jacobins maerseillais que aideront à la glorie du chant lors le leur voyage à Pairs en juin-juillet 1792. Une fois à Paris, le chant de Rouget devient connu sous le nom de « Chanson des confédérés marseillais ». Progressivement, le chant sera adopté par les armées révolutionnaires et les accompagnera jusqu'à la fin de la décennie. Sous la période napoléonnienne, la Restauration, la Monarchie de juillet el l'Empire, le chant restera associé aux mouvements républicans. Des querelles de musicologues viendront troubler l'histoire du chant : os accusera Rouget de plagiat. Ce n'est qu'en 1879 que le Troisième République reprend « La Marseillaise » comme hymne national."[27] (M. Prévos, 1990, pág. 190)

heroica y bendecida, salvaste el patrio honor".

[27] [El 25 de abril de 1792, Rouget de Lisle asistió a una cena con el Alcalde de Estrasburgo, quien le insta a componer un nuevo himno. Al día siguiente, después de una noche de esfuerzo, canta su obra al entusiasmado Alcalde; la canción se llama "Canción de guerra del ejército del Rin". El 29 de abril Rouget brinda la primera interpretación pública de su canción; y pronto, el 27 de junio se publica en un periódico de Marsella. Son los Jacobinos marselleses los que ayudarán a la gloria de la canción durante su viaje a París en junio-julio de 1792. Una vez en París, la canción de Rouget se conoce bajo el nombre de "Canción de los Confederados Marselleses". Poco a poco, la canción será adoptada por los ejércitos revolucionarios y los acompañará hasta el final de la década. En el período napoleónico, la Restauración, la Monarquía de julio y el Imperio, la canción seguirá asociada a los movimientos republicanos. Las peleas de los

La cuestión es ¿Cómo su letra caló tan hondo en intérpretes como en la audiencia?

Recordemos que hablamos de una nación que, hoy fundada en la libertad y la fraternidad, entonces se sublevaba contra el antiguo régimen y que una de las arengas enfatizada en su estribillo llamaba a los ciudadanos a las armas. Aun así, Eugen Weber, en *My France: Politics, Culture, Myth*, señala

> "The Abbé Grégoire, who undertook a vast official survey of the question in 1790, concluded rather hopefully that three-quarters of the people of France knew *some* French. On the other hand, he admitted that only a *portion* of these could actually sustain a conversation in it, and he estimated that only about 3 million could speak it properly – while fewer still, of course, could put their French in writing."[28] (Weber, 1991, pág. 93)

Entendemos que no existía una uniformidad lingüística que facilitase la comunicación, por tanto ¿Cómo fue que La Marseillaise adquirió la presencia que tuvo y que hoy conocemos? Weber nuevamente nos da una luz al respecto:

---

musicólogos perturbarán la historia del canto: pues acusarán de plagio a Rouget. No fue hasta 1879 que la Tercera República tomó "La Marsellesa" como un himno nacional.]

28 [El abad Grégoire, realizó una amplia encuesta oficial sobre la cuestión en 1790, concluyó con cierta esperanza que tres cuartas partes de los franceses sabían algo de francés. Por otro lado, admitió que solo una parte de estos podrían mantener una conversación, y estimó que solo unos 3 millones podrían hablarlo correctamente, aunque menos, por supuesto, podrían ponerlo por escrito.]

> "[…] Neapolitans nowadays can produce some English if they have to, the ordinary people of Marseille understood enough French for whatever aspects of their business would call for it, but they seldom spoke the language. [...] the volunteers were a bit exceptional – which they must have been, since they numbered a little less than 500 out of a population well over 100,000, […] we do know that they were led by young men of the upper classes [...] bilingual; and we know that they included a good few people whose trade edged them toward a knowledge of French: ex-soldiers, journalists, […]."[29] [30]

La presencia de estos voluntarios bilingües facilitará en cierta medida la identificación del grueso de las filas con el canto de Lisle, algo que vuelve a lo que vuelve a apuntar Weber

> "the true Marseillais were few among a rabble of foreign elements; and while he is a hostile witness, it is certain that Marseille itself had become a foreign element in this region – a great cosmopolitan trade center. Outsiders and other mobile types would be more likely recruits for the battalion: they would be more available mentally and physically, they would be more likely to know or understand French, and it is significant that Michelet wrote about them as "allies et amis du patri français." […] the battalion included also "rude men of the people," and this may account for Lamartine's remark that

[29] Ibidem p. 93

[30] [Los napolitanos entonces podían hablar algo de inglés si era necesario, la gente común de Marsella entiende el francés suficiente para cualquier aspecto que su negocio requiera, pero rara vez habla el idioma. [...] los voluntarios fueron un tanto excepcionales, debieron haberlo sido, ya que contaban con poco menos de 500 de entre una población de más 100.000, […] sí sabemos que fueron dirigidos por hombres jóvenes bilingües de clase alta; y sabemos que incluían a unas pocas personas cuyo comercio los llevó a un conocimiento del francés: ex soldados, periodistas, […].]

> the masses of people who saw them on their march to Paris were struck by "leurs langages étrangers mêles de jurements." They also improved on Rouget de Lisle by producing a Provençal verse of their own, which was a pretty strong stuff:
> March on, God's arse
> March on, God's fart
> The emigres, by God
> Have no more idea of God
> Than old monarchist priests." [31] [32]

Este el punto en el que el hecho político trasciende con claridad al hecho musical y, si bien hubo un autor (Rouget de Lisle), una vez el pueblo se identificó con aquella obra, él mismo pasa a ser un coautor de una nueva realidad musical inmersa en un hecho político.

La mayor parte de la Francia de entonces, tal y como apunta

[31] Ibidem pp. 93-94

[32] [los verdaderos Marselleses eran pocos entre una multitud de efectivos extranjeros; y aunque es un testigo hostil, es cierto que Marsella se había convertido en un elemento ajeno en esta región, un gran centro comercial cosmopolita. Los forasteros y otros infantes móviles serían los reclutas más adecuados para el batallón: estarían más dispuestos mental y físicamente, tendrían más probabilidades de saber o entender el francés, y es significativo que Michelet se refiriese a ellos como "aliados y amigos de la patria francesa."[...] el batallón incluía también a "hombres toscos del pueblo", y esto puede explicar el comentario de Lamartine de que las masas de personas que los vieron en su marcha a París fueron golpeadas/insultadas por "sus lenguas extranjeras llenas de improperios". También mejoraron a Rouget de Lisle produciendo un verso propio en provenzal, que era un material bastante fuerte:
Marchad sobre el culo de Dios.
Marchad sobre el pedo de Dios
Los emigrados de Dios
no tienen más idea de Dios
que los viejos sacerdotes monárquicos.]

Robert Zaretsky "*era como los americanos admiradores de la ópera antes de que se inventaran los subtítulos: enamorados de la música, pero ignorantes del libreto.*" [33]]

De ahí el papel crucial que desempeñó La Marseillaise pues:

> "supuso una lección de lengua tanto como de ciudadanía. Pasaron más de cien años antes de que el francés se convirtiera en la lengua común de Francia – a finales del siglo diecinueve, el francés era todavía una lengua extranjera en muchas partes del país." [34]

Irónicamente, comenta Weber,

> "The paradox, of course, was that the new national hymn (as it became in 1795) was linked to a city whose people did not speak French nor, in the case of many of them, feel themselves to be French."[35] (Weber, 1991, pág. 94),

Para, finalmente concluir que "*But even those who did not speak*

[33] Tomado de la entrevista al profesor Robert Zaretsky en *The Engines of Our Ingenuity*, audio blog de University of Houston. Fuente: http://www.uh.edu/engines/epi2305.htm

[34] Ibidem.

[35] [La paradoja, por supuesto, era que el nuevo himno nacional (que llegó a serlo en 1795) estaba vinculado a una ciudad cuya gente no hablaba francés ni, en el caso de muchos de ellos, se sentían franceses.]

French could sing it, and singing endowed them with the gift of tongues"[36]

[37]

En Francia, dada la delicada situación política actual (economía, UE, terrorismo, las recientes elecciones que llevaron a Macron al poder pese al avance de la ultraderecha), vemos como se urge al pueblo para que se implique políticamente mediante la simbología, y en la última campaña electoral asistimos a un relanzamiento de La Marseillaise, como si de un *hit* primaveral se tratase. No hay quien desista en su intento, pues fuimos testigos de Le Penn y Macron tirando del vinilo musical patriótico en pro del pueblo francés, como ocurriese en tiempos de la revolución.

La Marseillaise

Allons enfants de la Patrie,
Le jour de gloire est arrivé !
Contre nous de la tyrannie
L'étendard sanglant est levé
Entendez-vous dans les campagnes
mugir ces féroces soldats ?
Ils viennent jusque dans vos bras
Égorger vos fils, vos compagnes !
esposas!

Aux armes, citoyens!
Formez vos bataillons!
Marchons, marchons!
Qu'un sang impur
Abreuve nos sillons!

La Marsellesa (fragmento)

Marchemos, hijos de la Patria,
Ha llegado el día de gloria!
Contra nosotros, la tiranía
alza su sangriento estandarte.
¿Oís en los campos el bramido
De aquellos feroces soldados ?
¡Vienen hasta vuestros mismos brazos
A degollar a vuestros hijos y

¡A las armas, ciudadanos!
¡Formad vuestros batallones!
¡Marchemos, marchemos!
¡Que una sangre impura
Inunde nuestros surcos!

[Anexo 1]

[36] [Pero incluso aquellos que no hablaban francés podían cantarlo, y el canto les otorgaba el don de lenguas.]

Els Segadors y Catalunya

Por lo que toca a Catalunya[38] dentro del estado español[39], sería harto complicado no intuir al menos el tarareo de *Els Segadors*, de la misma forma en que, sin desearlo en lo absoluto, podríamos recordar la línea melódica, por ejemplo, de *Cara al Sol* (del que hablaremos más adelante), mas no por ello sentir afinidad por el franquismo y su legado o por el movimiento independentista catalán y ¡Ojo! No se preste lo anterior a interpretaciones de ningún calado político, no comparamos un hecho con el otro, comparamos la musicalidad implícita que involuntariamente o no llega a nuestros oídos como parte del hecho político.

Queremos decir que se trata inevitablemente de información aleatoria, que llega al cerebro en momentos en los que creemos

---

37 Ibidem p. 94

38 Tal y como se ha ido insistiendo desde el principio de esta obra, no se ha querido incidir en cuestiones meramente políticas. Para quienes desconozcan de la situación del Catalunya dentro del estado español – Reino de España si se tercia – le animamos a que investigue por su cuenta de manera que pueda tener un contexto más claro acerca de lo que se explica en este capítulo. La idea de contar con este ejemplo se fundamenta más que nada en su cercanía con el ejemplo francés y que, de una manera u otra, a nivel político ambas realidades van ligadas, pues cabe recordar que la parte norte de Catalunya, correspondiente al Roselló y la Cerdanya, está en suelo francés tras las cesiones por parte de la corona española devenidas del Tratado de los Pirineos de 1659.

no estar atentos, pero que dada nuestra memoria musical o melódica nos sorprende sabiendo o intuyendo melodías o cadencias ajenas a nuestro gusto.

Desde el 2010, año en que el Estatuto de Autonomía Catalán fue recortado por Tribunal Constitucional español, *Els Segadors* se tornó en el *hit* político del independentismo y con ello – no está demás decirlo, pero para dejarlo claro – en una herramienta de influencia política del hecho catalanista. Obviamente existen y existirán sus matices en la aseveración anterior, pues habrá quien guste de este canto por otras razones menos políticas y más de sentimiento o simple afinidad al sonido clásico o tradicional.

No debemos ignorar la historia detrás de este himno institucional. Remontémonos a la Guerra dels Segadors y al Corpus de Sangre, para poder ubicar de alguna manera su origen. Además de las muchas versiones existentes acerca del origen de esta obra o pieza incluida en el *Romancero Catalán del Siglo XVII* editado por Milà i Fontanals en 1882, hay quienes sostienen que es un antiguo canto judío sefardí, recuperado de la tradición de este pueblo y que nada tiene que ver con los

[39] Para mí, como músico profesional y costarricense residente en Girona, no ha sido fácil abstraerme del momento político que se vive, y aunque no fuese independentista, también me resultaría muy difícil no escuchar en cualquier

acontecimientos acaecidos en Catalunya en tiempos de Felipe IV. Incluso se argumenta, según el periodista Jordi Canals por ejemplo, que proviene de una canción erótica[40] que luego fue adaptada a consecuencia de la Renaixença y el auge del catalanismo de finales del Siglo XIX.

Bien, quedemos en que existen dos versiones de esta letra y que la melodía se pierde en el tiempo, debatiéndose entre las versiones citadas, la erótica y la sefardí. Ambas sirven a nuestro propósito pues, sea una o la otra, llegaron a nuestros días y si bien es cierto la que hoy se conoce es la letra compuesta en 1882 por Guanyavents con la melodía definitiva de Alió, lo que representa es la voluntad del pueblo llano catalán, pues vemos que:

> "el himno tiene las características de un llamamiento en defensa de la libertad de la tierra. [...] Recoge los hechos acaecidos durante el llamado Corpus de sangre, una revuelta protagonizada por alrededor de un millar de segadores el 7 de junio de 1640, día de Corpus Christi." (Ortigosa, 2017, pág. 448)

Ubiquémonos en el contexto de la Guerra de los Treinta Años (1618-1648). Felipe IV se ve obligado a participar en el conflic-

medio de comunicación el himno catalán en algún momento del día, cualquier día de la semana, sin que ello signifique que lo esté buscando.

40 https://www.abc.es/historia/abci-segadors-himno-cataluna-esta-inspirado-cancion-erotica-o-cantico-judio-201710271626_noticia.html

to debido a su parentesco con el emperador romano germánico, Fernando II, lo que provoca que su autoridad y reputación se deterioren. Por otra parte, en 1624, el Conde-Duque de Olivares presenta su Gran Memorial: reformas encaminadas a reforzar el poder real y la unidad de los territorios que dominaba, con vistas a un mejor aprovechamiento de los recursos al servicio de la política exterior, reformas que, dicho sea de paso, en Cataluña tienen el efecto contrario.

Nueve años más tarde, Felipe IV conduce el reino a la guerra contra Francia y el sentimiento de agravio entre los catalanes aumenta cuando el Conde-Duque de Olivares declara que los catalanes ponían poco empeño en la defensa de su propio territorio.

Así, en mayo de 1640 se produce un alzamiento de la población del principado contra la movilización y permanencia en el territorio de los tercios del ejército real y contra la pretensión de que se alojasen dentro de las poblaciones,

> "Los habitantes de Sant Esteve de Palautordera o Santa Coloma de Farners se negaron a abrir las puertas de sus casas para albergar a nadie. El 3 de mayo, tuvo lugar la represalia en Riudarenes y once días más tarde, otra en Santa Coloma de Farners. Ambas desencadenarían un rápido levantamiento armado de ciudadanos y campesinos que, de las comarcas

gerundenses, se extendió hacia el Vallés, Osona y el Ripollés."[41]

No entremos en más detalle en lo tocante al relato de los hechos histórico-políticos brevemente resumidos. Veamos que, al igual que sucedió en Francia con *La Marsellesa*, una parte de la sociedad catalana del siglo XVII encontró la forma de narrar aquellos hechos, de transmitirlos aun cuando el analfabetismo era óbice en la formación de las clases campesinas. La tradición oral hace acto de presencia, la letra llega hasta el Siglo XIX con la melodía – judía o erótica – y trasciende siglos más tarde, hasta convertirse en un renovado símbolo de identidad propia catalanista.

El debate estaba servido entonces y se sirve en la actualidad dado que *Els Segadors* vuelve a ser un emblema del catalanismo, llegando a polarizar a la sociedad en torno a sí pues, se mire como se mire, está muy vinculado al actual movimiento independentista, en tanto las tesis unionistas/ constitucionalistas/ nacionalistas españolas lo califican de excluyente de una realidad común y única, como si el himno español no hiciese lo mismo de manera inversa.

[41] Estudio sobre la historia de Cataluña. Fuente: http://samhistoriacatalunya2018.blogspot.com/p/els-segadors-himno-de-cataluna.html

Imagen 3 – Inés Arrimadas y otros diputados se niegan a cantar Els Segadors en el Parlament de Catalunya. Fotografía de Jordi Borrás, Barcelona, 2015.

Muestra de lo anterior la encontramos en la imagen del Parlamento Catalán del 2015, que retrató la negativa de los grupos políticos de la oposición, afines a las tesis nacionalistas españolas, unionistas y/o "constitucionalistas" (PPC, Ciutadans y en cierta medida el PSC) a entonar la letra del himno catalán a pesar de ser el himno institucional del país.

Tres años más tarde, el líder de Ciudadanos (denominación del partido naranja a nivel español), Albert Ribera, aplaude la letra que para el himno español compuso la cantante Marta Sánchez e interpretó en la presentación de la plataforma España Ciudadana. Letra que, dicho sea de paso, no dio más de sí que una serie de notas de prensa y memes de todo tipo y cuyo calado político, al menos a la finalización de este trabajo, aún no se ha hecho manifiesto de forma tan evidente como los dos ejemplos analizados en este capítulo.

Cabe recordar que la letra del himno institucional catalán no es la misma que la recuperada en el Romancero Catalán de Milà i Fontanals, empero parte de esta proviene del canto original.

Els Segadors – Fragmento

Catalunya triomfant,
tornarà a ser rica i plena!
Endarrere aquesta gent
tan ufana i tan superba.

Bon cop de falç !
Bon cop de falç,
defensors de la terra!
Bon cop de falç !

Ara és hora, Segadors.
Ara és hora d'estar alerta,
per quan vingui un altre juny
esmolem ben bé les eines.
herramientas.
[...]

Los Segadores

¡Cataluña triunfante,
Volverá a ser rica y plena!
¡Atrás ésta gente,
Tan ufana y tan soberbia!

¡Buen golpe de hoz !
¡Buen golpe de hoz,
Defensores de la tierra!
¡Buen golpe de hoz !

¡Ahora es hora, Segadores!
Ahora es hora de estar alerta,
para cuando venga otro junio
Afilemos bien las

[Anexo 2]

En resumen

Hemos visto que el origen de ambas obras acontece en momentos históricos de inestabilidad política y que, si bien en una de ellas existe un autor conocido, la importancia que tienen en sus respectivas sociedades dejan en un segundo plano la idea de compositor o autor, dando paso a la concepción de identificación, de orgullo nacional o de afinidad político-nacional.

La Marsellesa en la actualidad es la reivindicación del patriotismo francés, de la importancia de proteger aquello que "nos es nuestro" ante las amenazas externas (inmigración, fundamentalismo religioso, terrorismo, soberanía en Europa, etc.).

Por su parte, *Els Segadors*, para ciertos colectivos se ha convertido en sinónimo de afrenta política, incluso de ofensa o falta de respeto hacia quien no piensa como el catalanismo, en tanto que para estos últimos es símbolo de lucha, de – desde la perspectiva de una parte de la sociedad catalana – sufrimiento histórico o de aquello a lo que se ha de vencer.

Sea como sea la relación música y política y de ambos fenómenos con el hecho nacional queda patente, y sería interesante desgranarla aún más. De momento esto ha sido solo un acercamiento.

VI

Imagen 4.- Funeral de Beethoven. Pintura y grabado de Franz Stöber de 1827.

BEETHOVEN Y STRAVINSKY – LA POLITIZACIÓN DE LA PARTITURA

¿Ludwig Van Beethoven, Novena Sinfonía, Himno de la Unión Europea? [Anexo 3]

Desgraciadamente para muchos jóvenes milenials o no, indis o no, alternativos o no, hípsteres o no, punks, metaleros, ninis, estudiantes, trabajadores, etc., entrelazar los tres conceptos anteriores puede resultar en un ejercicio sin sentido, pues la mayoría acertará – visto desde cierta experiencia musical – a relacionar el primero y el segundo, o el segundo y el tercero – sobre todo si al segundo le llamamos "canción de la alegría", con lo que la perspectiva de quienes tenemos cierta edad se pierde con Miguel Ríos y el Rock del autobús. Muy pocos atinan a saber que los tres van ligados.

Tú la letra y yo la música

La letra de *An die Freude* en alemán – *Oda a la alegría* [Anexo 4] para nosotros – no fue escrita por Ludwig van Beethoven, sino que fue obra del poeta alemán Friedrich von Schiller.

Lo que sí hizo van Beethoven fue componer la sinfonía magistral que conocemos. Pero al margen de su capacidad musical y de que estuviese cuando menos sordo para entonces, se ha de incidir en el contexto histórico y social en el que se desarrolló esta obra de la cultura universal, dado que el momento político que rodeaba al compositor era convulso e influyó en las distintas etapas creativas por las que atravesó su composición, condicionándole de una manera notable y él a su vez, con sus obras – sobre todo la que analizamos – marcó un punto de inflexión en la sociedad en la que vivía.

> "Beethoven, como hijo más o menos inmediato de los ideales de la Revolución Francesa, hizo una música que pretendía influir en el público, una especie de «sinfonías políticas» que, a partir de medios que oscilan entre los espectaculares tutti, y los ritmos de marcha más o menos populistas, incitan al espectador a una conducta más social y civilizada. Y posiblemente por estos motivos Beethoven no tuvo demasiados inconvenientes en cambiar la dedicatoria de la Heroica del personaje concreto que perdió su carácter modélico a otro mucho más genérico y universal." (Benítez V., 1993, 13-14)

Si trasladásemos lo anterior a una visión sociológica, veríamos un perfecto ejemplo de las teorías de Coleman – esquemáticamente su barco – pues Beethoven vivió en una época donde el clima revolucionario en Europa estaba en plena ebullición. Es algo, de lo que podemos suponer, influyó significativamente en la faceta creativa del compositor y por qué no pensarlo así, en su posicionamiento ante la injusticia de su entorno, las desigualdades de las que fue testigo y el clima convulso que fue el pan de cada día en la Europa que vio nacer su obra. Evidentemente dichos factores sociales[42] – macro – pudieron influir en su persona, en su pensamiento – micro – que condicionan su respuesta en forma de expresión artística – micro – que llega al orden social de entonces en forma de su música, provocando diversas reacciones al momento – macro – y como bien sabemos, siglos después de su muerte siguen provocando reacciones, así, Ígor Stravinsky llegará a decir más tarde:

> "Beethoven es amigo y contemporáneo de la Revolución Francesa, y continuó fiel a ella incluso cuando, durante la dictadura Jacobina, los humanitarios de nervios débiles del tipo de Schiller le dieron la espalda prefiriendo destruir tiranos en el escenario teatral con la ayuda de espadas de cartón. Beethoven, ese genio plebeyo, quien orgulloso despreció a emperadores, príncipes y magnates –éste es el Beethoven que nosotros amamos: por su optimismo inquebrantable, su tristeza viril, por la inspirada pasión de su lucha y por su voluntad de hierro que le permitió agarrar al destino por la garganta–".[43]

[42] "*El mundo en el que nació Beethoven era un mundo turbulento, un mundo en transición, un mundo de guerras, revolución y contrarrevolución: un mundo como el nuestro. En 1776, los colonos americanos ganaron su libertad con una revolución que tomó la forma de una guerra de liberación nacional contra Gran Bretaña. Éste fue el primer acto de un gran drama histórico.*" Fuente: http://www.marxist.com/beethcoven-hombre-compositor-y-revolucionaro.htm

[43] Ibidem.

Queremos señalar con lo anterior que es difícil llegar a una conclusión clara y osarnos a decir que Beethoven compuso su música en función a motivaciones políticas de su entorno – dado que sería el reflejo de un ejercicio de arrogancia –, pero sí podríamos interpretar, al menos intuir, que la época que vivió no estuvo exenta de inestabilidad y cambios sociales (revolución francesa, revolución industrial, independencia de las 13 colonias, etc.) que finalmente pudieron influir en su visión del mundo propio y plasmarlo en su música. A pesar de ello, encontramos que,

> "Beethoven has been enlisted in the ideological service of almost every group aspiring to political control of Germany. Focusing on the "extra musical" Beethoven, [...] Because "throughout his life Beethoven was confused about politics", conflicting interpretations have been grounded in what he actually did and said. Beethoven was a supporter of enlightened despotism; Beethoven was a revolutionary idealist. Beethoven was an admirer of Napoleon; Beethoven was an enemy of Napoleon. Beethoven was a composer of revolutionary music; Beethoven was a composer of patriotic military music. Beethoven was all of these things, but not any one of them."[44] (Penderson, 1997, p. 484)

[44] [Beethoven se ha enlistado al servicio ideológico de casi todos los grupos que aspiran al control político de Alemania. Centrándose en lo "extramusical" de Beethoven, [...] Debido a que "a lo largo de su vida, Beethoven estaba confundido acerca de la política", las interpretaciones conflictivas se han basado en lo que realmente hizo y dijo. Beethoven era un partidario del despotismo ilustrado; Beethoven era un idealista revolucionario. Beethoven era un admirador de Napoleón; Beethoven era un enemigo de Napoleón. Beethoven fue un compositor de música revolucionaria; Beethoven fue un compositor de música militar patriótica. Beethoven era todas estas cosas, pero ninguna de ellas.]

Llegados a este punto, internarnos más en el aspecto personal y en la obra de Beethoven puede que nos desvíe mucho del tema que tratamos, aunque se podría escribir todo un ensayo hablando de su figura y su nexo personal con la política, ya no solo de su música y su relación con ésta, o de cómo los hechos políticos que vivió inspiraron su quehacer artístico de manera tal que, tres siglos después, se le puede considerar el artista más universal de todos los tiempos.

Nos detendremos pues en un último matiz al respecto, cabe recordar que la letra de su 9ª Sinfonía no la escribió él, pero tuvo que estar de acuerdo con el mensaje del poema que von Schiller escribiese años antes, de manera que no podríamos juzgarle si:

> "Beethoven's 'Ode to Joy', while a favourite of many European leaders and the Nazis, also inspired the Tiananmen Square protesters and a performance was conducted in 1989 by Leonard Bernstein in celebration of the fall of the Berlin Wall and former 'Eastern Bloc'. As a symbolic gesture, Bernstein changed the word Freude (Joy) to Freiheit (freedom). Schiller's poem was written at a time of repression and counter revolution so such words as 'Thy magic power reunites all that custom has divided. All men become brothers, under the sway of thy gentle wings. …You millions, I embrace you. This kiss is for all the world!' were essentially a call for freedom from oppression. 'Ode to Joy' occupies strange territory in that it is used as a protest song, by those who want to disrupt the status quo, and by nation states and supranatio -

> nal organisations who desire to evoke patriotic fervour for maintaining the status quo. As Gracyk explains, 'semantic properties, that are fixed by a work's musico-historical context, constrain but do not fully determine the meaning of all subsequent performances" [45] (Shaw, 2018, 319)

Tras la IIGM y la creación de la CE y sus tres pilares, se avanzó en el aspecto político y social a diferentes ritmos y con distintos ambientes. Beethoven se convirtió de lleno en el paladín de "las buenas intenciones políticas" sin haberlo querido, ni darse cuenta claro está. Menos se habría imaginado que sería "venerado" por quienes iniciaron el conflicto.

Tal y como apunta Shaw, una de sus obras es uno de los reclamos políticos más conocidos actualmente, aunque siendo justos – debemos aclararlo – su obra era conocida desde antes,

---

[45] [La "Oda a la alegría" de Beethoven, aunque fue favorita de muchos líderes europeos y los nazis, también inspiró a los manifestantes de la Plaza de Tiananmen y en 1989, Leonard Bernstein realizó una actuación en conmemoración de la caída del Muro de Berlín y del antiguo "Bloque del Este". Como gesto simbólico, Bernstein cambió la palabra Freude (Alegría) a Freiheit (libertad).
El poema de Schiller fue escrito en un momento de represión y contrarrevolución, por lo que versos como "Tu hechizo une de nuevo lo que la acerba había separado. Todos los hombres vuelven a ser hermanos allí donde tus alas se posan… Vosotros, millones, os abrazo ¡Este beso es para el mundo entero!" fueron esencialmente un llamado a liberarse de la opresión. 'Oda a la Alegría' ocupa un territorio extraño en el sentido de que se usa como una canción de protesta por parte de quienes desean romper el status quo, y por estados nacionales y organizaciones supranacionales que desean evocar el fervor patriótico para mantener dicho status quo. Como explica Gracyk, "las propiedades semánticas que están fijadas por el contexto histórico-musical de una obra restringe, pero no determina completamente el significado de todas las interpretaciones posteriores".]

lo mismo que admirada y magistral, con lo que debemos entender que la politización que se ha hecho de esta nunca, con toda seguridad, fue algo que el compositor persiguió.

El youtuber, músico y divulgador Jaime Altozano[46], hace poco catalogó a Beethoven como el primer *influencer* de la historia y estamos totalmente de acuerdo con su afirmación.

46 https://www.youtube.com/watch?v=0DuXjdkAYrg

Santo o demonio y la Historia del Soldado

En tanto Beethoven se convertía en un profeta en su tierra – o en sus tierras europeas – y más allá de éstas y de su tiempo, uno de sus más grandes admiradores pasaba justo por lo contrario: casi un siglo después de la muerte del autor de la 9ª sinfonía, Igor Stravinsky era vetado de su Rusia natal, básicamente por su manifiesta admiración hacia la figura de Benito Mussolini y las doctrinas fascistas y su rechazo del comunismo.

Lo que podríamos entender como contradictorio de Stravinsky era que, aunque políticamente su inclinación era clara, sus relaciones de profunda amistad con personajes como Picasso o Cocteau, dejaban entrever una realidad personal más abierta y tolerante y más bien próxima a sus raíces culturales, algo que se intuye en sus obras maestras.

Stravinsky vivió altos y bajos en la entonces URSS, llegando al punto de ser prohibida su música durante casi 30 años, de 1933 a 1962. Paradójicamente hoy, Stravinski es uno de los compositores de referencia de cualquier conservatorio o compañía de ballet ruso que se precie, pues en 1972, en el periodo de Nikita Krushchov, sucede lo siguiente:

> "An imperial-sounding edict by the minister of culture, Ekaterina Furtseva, with its capitalized PRIKAZYVAIU (HEREBY COMMAND), printed on the reverse of the title page, makes any future hostility to Stravinsky in the Soviet press a potential lèse-majesté and sets the tone for the new official approach to his person by referring to him as the "outstanding Russian composer. And thus the musician reviled for decades as a traitor to his people, a capitalist lackey of Wall Street, and a reactionary mystic has now been returned to the fold. One has to marvel at the adaptability of the Soviet cultural establishment, when one considers the obstacles and inner contradictions it had to overcome in order to grant full recognition to Stravinsky." [47] (Karlinsky, Hughes, Koster, & Taruskin, 2013, 370)

En los EUA, por ejemplo, fue admirado, aparte de por sus obras, por su rechazo sin tapujos del comunismo, aunque tras la IIGM sería difícil saber si su admiración hacia la figura de Mussolini se vio deteriorada, dado que tras acabar el conflicto decidió quedarse en el país norteamericano, donde murió en 1971 en vez de radicar en una Italia, ahora inmersa en su reestructuración y recuperación al igual que el resto de Europa.

[47] [Un edicto imperial emitido por la ministra de cultura, Ekaterina Furtseva, con la directriz PRIKAZYVAIU (AQUÍ ORDENO), impreso en el reverso de la página del título, señala que en adelante cualquier hostilidad hacia Stravinsky en la prensa soviética será potencialmente vista como lèse-majesté y establece el tono para el nuevo acercamiento oficial a su persona al referirse a él como el "destacado compositor ruso". Y así, el músico vilipendiado durante décadas como un traidor a su gente, un lacayo capitalista de Wall Street, y un místico reaccionario ahora regresa al redil. Uno tiene que maravillarse con la adaptabilidad del establishment cultural soviético, si se consideran los obstáculos

En sí, ambos compositores sin haberlo pretendido – puede que con Stravinski esta afirmación sea un tanto más endeble – pasaron a la historia también como herramientas claramente políticas, que mueven sentimientos e intencionalidades de control del poder mediante otros medios, aparte de la coerción del Estado (recordemos el primer capítulo de este trabajo), por lo que cabe citar, con la ayuda de Noguera, a Foucault en este punto:

> "Foucault alertó del carácter difuso de las redes de relaciones que afianzan la dominación, e insistió que el poder de la clase dominante no se apoya sólo, ni esencialmente, en el control de las estructuras públicas institucionalizadas (Estado), sino en su capacidad de regular los procesos de producción cultural."(Noguera Fdez., 2011, pág. 6)

Cuestión que deja patente la repentina necesidad del régimen soviético de volver a reconocer a Stravinsky como el gran compositor que era, obviando para ello las propias prerrogativas que justificaban, desde su perspectiva, el haberle considerado durante tantos años como enemigo declarado.

Igor Stravinsky, más allá de lo explicado en las líneas anteriores recibió las influencias del folclore ruso, algo que se puede percibir en su obra, sonidos menores, melancólicos muchas

y las contradicciones internas que tuvo que superar para otorgar el pleno

veces, que reflejan su acervo. Stravinsky no marchó de Rusia por placer, lo hizo para sobrevivir, por su visión contraria al recién establecido régimen comunista, así,

Imagen 5 – Retrato de perfil de Igor Stravinsky realizado por Pablo Picasso el 31 de diciembre de 1920. Lápiz grafito sobre papel. Col·lecció particular – Museu Picasso, Barcelona.

> "cuando Igor Stravinsky escribió La historia del soldado en el año 1918, como un canto antibelicista, viviendo exiliado en Suiza, huyendo de un mundo en guerra, sin apenas medios económicos y pensada para interpretarse de modo escueto, lo hizo para un grupo de cámara de siete músicos –violín, corneta, clarinete, fagot, trombón, contrabajo y percusión–, cuatro personajes –narrador, bailarina, soldado y diablo– y una escenografía muy sencilla. El texto, adaptación de una leyenda rusa, escrito por Ramuz, estaba pensado, según el compositor, para ser "tocado, recitado y danzado"."(Sánchez-Andrade Fdez., 2011, pág. 18) [Anexo 5]

La contraposición, llegados aquí, es interesante: Stravinsky creía en la paz, en el anti belicismo, parte de su inspiración venía del acervo cultural ruso y su idea era la de una paz sin comunismo, pues cabe recordar que nunca ocultó su admiración por el fascismo de Mussolini.

reconocimiento a Stravinsky.]

Ahora bien, lo anterior no quiere decir que fuese fascista en el sentido que hoy día damos a ese término, tampoco podemos asegurar lo contrario, pero si pensamos en sus relaciones y amistades podemos intuir, quizá pensar con un poco de atrevimiento, que no se imaginaba lo que daría de sí el fascismo más adelante durante la IIGM.

Es difícil imaginar a una persona cuyo pensamiento es de supremacía entablando amistad con Cocteau o Picasso y no creer lo contrario si vemos su relación con Coco Chanel, quien colaboró con la Gestapo durante la ocupación de Francia por parte de los nazis

> "Desde la primavera de 1921 hasta el otoño de 1924 Stravinsky vive en Biarritz. Allí se reúne con sus amigos, Ravel, Arthur Rubinstein, Coco Chanel con la que se dice mantuvo un idilio y Mme. Errazuriz, una rica chilena que será su mecenas."[48]

Sería muy difícil saber si, tanto Beethoven como Stravinsky, compondrían sus obras en los tiempos que corren ahora. Pero si hacemos un ejercicio de empatía, veríamos que el primero se encontraría con un panorama donde Europa luce cual modelo de igualdad social y democrática, muy distante a la época de

48 http://www.historiadelasinfonia.es/naciones/la-sinfonia-en-rusia/los-compositores-mas-notables-1/stravinsky/

revoluciones que vivió, sin obviar que la realidad del Mediterráneo le abriría los ojos a otro tipo de sentimientos y muy posiblemente reivindicación política de distinto cariz.

Por su parte, Stravinsky[49] se encontraría ante un panorama en el que el capitalismo y el neocolonialismo posiblemente le harían enfrentarse a sus supuestos credos fascistas – o no – pero, probablemente su Historia del Soldado no sería igual, su polarización no sería igual.

[49] No pretendemos influir en la posible idea política que sobre Stravinsky pueda tener el lector de este trabajo, pero si atendemos a lo diverso del recorrido del compositor, sus lugares de residencia, amistades, algunas muy íntimas y totalmente contrarias al nazismo y al fascismo, da lugar a dudar de cuáles eran sus verdaderas inclinaciones políticas. Él siempre habló de su admiración por Mussolini y se declaró abiertamente contrario al comunismo, pero pretender por ello decir que era fascista o que apoyaba al nazismo es un tanto osado toda vez que su visión del mundo era pacifista y ambos bloques provocaron un conflicto de alcance mundial. En todo caso, analizamos en este trabajo la influencia de su música, no a la persona en sí, y la Historia del Soldado no es una reivindicación del belicismo tal y como la entendemos desde nuestra humilde visión.

En resumen

En este capítulo hemos intentado acercarnos al fuero interno, a la motivación, a encontrar el *leitmotiv* del compositor musical. Hemos dado apenas unas pinceladas acerca de la influencia que el entorno político pudo representar en la creación de dos obras maestras como la 9ª Sinfonía o la Historia del Soldado.

En ambos casos, no descartamos su posterior influencia o impronta en el acervo popular, pero al ser obras de lo que conocemos como música culta su relevancia a priori distó mucho de lo visto en las obras del capítulo anterior.

Al contrario, abren la puerta a la visión desde el control de la cultura, desde el poder y de cómo se le puede dar la vuelta a la intencionalidad de un autor, tergiversando el mensaje que talvez quiso transmitir con su trabajo. En ambos casos, desde el poder se gestiona la intencionalidad de las obras, el uno para hacer propaganda de lo que un régimen debe o puede significar y, en el otro, como manera de socavar la influencia que la obra del autor pueda tener en la sociedad sin tener en cuenta la influencia que haya podido tener fuera de sus fronteras.

Hoy día, tal y como apuntábamos al inicio de este capítulo, la melodía (sin letra) de la Novena Sinfonía de Ludwig van Beethoven es el himno oficial de la Unión Europea, fundamentado en la idea que "*es la expresión de los ideales europeos de libertad, paz y solidaridad.*"[50] Es algo que nos da, además una aproximación al concepto de propaganda y más aún al de adoctrinamiento, temas sobre los que hablaremos en el siguiente capítulo.

[50] "*La melodía que simboliza a la UE procede de la Novena Sinfonía compuesta en 1823 por Beethoven, que decidió poner música a la "Oda a la Alegría" escrita por Schiller en 1785. El himno no solo simboliza a la Unión Europea, sino también a Europa en un sentido más amplio. La "Oda a la Alegría" de Schiller expresa la visión idealista de la fraternidad entre los seres humanos, visión que Beethoven compartía. En 1972, el Consejo de Europa convirtió el tema de la "Oda a la Alegría" de Beethoven en su himno. En 1985, fue adoptado por los dirigentes de la UE como himno oficial de la Unión Europea.*" Fuente: https://europa.eu/european-union/about-eu/symbols/anthem_es

VII

Imagen 6 - Simpatizantes falangistas cantando el 'Cara al Sol' en la Plaza de Oriente, Madrid, España. Año 2018 Fuente: https://cadenaser.com/ser/2018/01/19/ciencia/1516354725_347547.html

EL ADOCTRINAMIENTO MEDIANTE LA CANCIÓN – LA CANCIÓN CONTRA EL SISTEMA ESTABLECIDO

En este capítulo solo haremos como introducción una breve apreciación derivada del pensamiento de Antonio Gramsci, en relación a la idea de Estado y las clases subalternas, que extraemos directamente de su cuaderno 25, y que nos dice:

> "La unidad de las clases dirigentes ocurre en el Estado, y la historia de aquellas es esencialmente la historia de los Estados y de los grupos de Estados. Pero no hay que creer que tal unidad sea puramente jurídica y política, si bien también esta forma de unidad tiene su importancia y no solamente formal: la unidad histórica fundamental, por su concreción, es el resultado de las relaciones orgánicas entre Estado o sociedad política y "sociedad civil". Las clases subalternas, por definición, no están unificadas y no pueden unificarse mientras no puedan convertirse en "Estado": su historia, por lo tanto, está entrelazada con la de la sociedad civil, es una función "disgregada" y discontinua de la historia de la sociedad civil y, por este medio, de la historia de los Estados o grupos de Estados". (Gramsci & Palos, 1999, Tomo 6, pág. 82)

Superamos el nivel que atañe a la mera idea de nacionalismo, avanzamos ahora sobre la noción de Estado como ente privatizador o monopolizador del hecho *nacional* que se compone de muchos otros factores que ya hemos ido mencionando en este trabajo (clivaje cultural, cultura política, cultural-musical, etc.), y desde el cual asistiremos a nuestro primer atisbo del concepto de hegemonía, a la idea del control de medios y de mantenimiento del status quo, en los que, como bien apunta Gramsci, las relaciones orgánicas necesitan del factor de sociedad civil para poder hablar de unidad histórica. Ahora ¿Qué tiene que ver esto con nuestro trabajo?

La evolución, podríamos decir, natural de la idea de nación es hacia lo que entendemos como Estado[51] y ya hemos apuntado que la primera es una cuestión – en tanto que política – cultural, lingüística, étnica, etc., con lo que dichos elementos sociales son primordiales para su identidad, ahora Estatal, y en la que entran en juego factores como los enumerados por Gramsci, que derivan de la necesidad de control sobre todo aquello que conforma la unidad nacional, sea en beneficio o detrimento de esta, y en dicho control la música, como veremos a continuación, vuelve a ser un factor relevante.

Dejando atrás la trayectoria de los compositores analizados en el capítulo anterior, podemos encontrar referentes político-musicales más recientes, por ejemplo, en la península Ibérica. Diferencias donde las haya, eso queda claro, pues ya no se trata de interpretaciones que el poder pueda dar a obras o sus

[51] No nos detendremos a explicar la definición Estado de M. Weber, por ejemplo, o las que la doctrina nos pueda brindar acerca del concepto de poder. Es algo que daremos por asumido para poder continuar con fluidez el trabajo.

autores, sino que veremos la relación directa entre los actores políticos (sociedad, gobierno, régimen, etc.) con el hecho musical y el hecho político.

Primero nos acercaremos a acontecimientos que ponen de manifiesto la lucha contra el régimen establecido, por ejemplo, en Portugal, y después haremos un recorrido a través del uso que el poder hace de ambos hechos mediante un breve vistazo al régimen franquista en el estado español.

Los claveles para José Alfonso

Un régimen no es invulnerable, es algo que quienes llegan al poder, sea de la manera que lo hagan, tienen presente. La caída del régimen de Salazar en Portugal no podemos decir que fuese obra de un cantautor, claro está, pero sí que la canción de José Alfonso tuvo un papel importante en los hechos relacionados con la revolución que trajo la democracia al país luso, pues

> "comenzó al sonar en la radio, a las 00:25 del 25 de abril, 'Grândola, Vila Morena', del enorme cantautor José Alfonso, canción prohibida por el régimen. En ese momento, tropas del ejército tomaron los principales centros neurálgicos del país

> presionando en las horas siguientes para que todo el ejército se sumara a la revuelta, lo que sucedió poco a poco. Al amanecer, un grupo de soldados compra claveles (la flor de la temporada) y los pone en sus armas mientras avanzan por las calles de Lisboa, como símbolo de que la revolución es pacífica (y la imagen se repetirá en las horas posteriores). La tarde del 25, el gobierno se rinde, la población sale a la calle y se une a los militares: en Portugal estaba regresando la democracia."[52]

Podríamos decir que una canción inició la revolución de los claveles, pero sin pretender obviar que hubo un contexto social que devinieron en ésta.

Esta nota de prensa, del año 2013, no es más que un ejemplo del alcance político que la música puede llegar a suponer, máxime si consideramos que se redactó (el artículo) con motivo de la cumbre europea de jefes de gobierno de ese mismo año. Durante el discurso de cierre, a cargo del entonces primer ministro Passos Coelho, un grupo de invitados entonó esta pieza en alusión clara a que "*si en el 74 se cantó en contra de la dictadura militar, ahora se entonaba contra el poder financiero y de los mercados*".[53]

Hagamos un alto, pues creemos necesario contextualizar aquel

---

[52] https://www.efeeme.com/la-cancion-que-dio-inicio-a-la-revolucion-de-los-claves-volvio-a-ser-himno-reivindicativo-en-portugal/

[53] Ibidem.

hecho para poder entender la importancia que *Grândola, Vila Morena* supuso y, en este sentido, vemos que:

> "la Revolución de los Claveles de 25 de abril de 1974 que cierra el ciclo colonial portugués, [...] El traumático proceso de descolonización portugués y la prolongada resistencia al cambio de la dictadura salazarista explican los acontecimientos del 25 de abril de 1974. Diego Carcedo, corresponsal entonces de TVE en Lisboa, lo resumía dos décadas después de forma sencilla: "Hacía tiempo que el imperio portugués funcionaba al revés y la metrópoli trabajaba para las colonias". [...] En el primer comunicado de los militares sublevados se define nítidamente el argumentario del MFA, Movimiento de las Fuerzas Armadas, que finalmente protagonizó el 25 de abril: "Considerando que después de trece años de lucha en tierras de ultramar, el sistema político en vigor no ha logrado definir concreta y objetivamente una política de ultramar conducente a la paz entre los portugueses de todas las razas y de todas las creencias; [...] a fin de transformarlas, por la vía democrática, en instituciones indiscutiblemente representativas del pueblo portugués; [...] el Movimiento de las Fuerzas Armadas portuguesas, [...] proclama comprometerse a garantizar la adopción de las siguientes medidas..."(Galindo A., 2017, pág. 63)

Estamos inmersos en un contexto político que podríamos focalizar únicamente en la revolución, en el cambio, pero los claveles y *Grândola, Vila Morena* entran en escena como una forma de arenga, de motivación y llamada a la movilización pacífica popular y militar.

La historia detrás de esta pieza, con perdón del lector, podría incluirse dentro de lo épico o lo romántico, pues su uso como señal para el alzamiento fue único y roza lo hermoso y lo poético, esto si hablamos como meros espectadores, pero si lo hacemos dentro del análisis político, vemos que su intencionalidad política es única, máxime si tomamos en cuenta que, por un lado, había sido prohibida por el régimen de Salazar y por otro, fue escogida por el MFA como señal para el alzamiento. Al sonar en la radio el sino político de Portugal cambió para siempre. En este sentido, la periodista española Mercedes Arancibia apuntó

> "Grândola fue la consigna. La voz de José "Zeca" Alfonso entonando las estrofas de una canción hasta entonces prohibida, poco antes de la media noche del 24 de abril de 1974 en el dial de Rádio Renascença (Radio Renacimiento), se convirtió en la voz y el himno del "movimiento de los capitanes"; fue el detonante para que los oficiales del Movimiento de las Fuerzas Armadas (MFA) – un movimiento clandestino de militares marxistas, progresistas o simplemente demócratas, radicalizados por los desastres de las guerras coloniales en África- pusieran en marcha el golpe de Estado imaginado por el comandante de artillería Otelo Saraiva de Carvalho, y se apoderaran de las armerías y la munición de los cuarteles, y de los estudios de la radio y la televisión públicas portugués."[54] (Arancibia, 2012)

[54] Mercedes Arancibia fue una periodista y traductora española "*Empezó su carrera periodística a principios de los 60, en la revista Triunfo, y ha trabajado en Cine en 7 días, Mundo Joven, Diario16 y Cambio 16, Mundo Diario, revista Mundo, Cartelera Turia, Levante, Las provincias, Panorama y la edición española de Le Monde Diplomatique. Fue la primera mujer española que dirigió un diario nacional, Liberación, entre 1984 y 85. Durante 13 años trabajó para diversos programas e informativos de Radio Nacional de España.*

Portugal es hoy una democracia dentro del marco de la Unión Europea, el problema se concentra aún más en las antiguas colonias, que por desgracia no corrieron, en muchos casos, la misma suerte que la metrópoli, dejando a muchas de estas en situaciones precarias, de falta de democracia e igualdad y, no está demás decirlo, pobreza, algo que veremos brevemente reflejado en la figura de Cesária Évora en el capítulo que dedicaremos al neocolonialismo, mercado y la música más adelante.

Grândola, Vila Morena – José Alfonso (Portugal - 1975) Fragmento

Grândola, Vila Morena! Terra da fraternidade, o povo é quem mais ordena dentro de ti, ó cidade!	¡Grândola, Vila Morena! Tierra de fraternidad, el pueblo es quién más ordena dentro de ti ¡Oh ciudad!
Em cada esquina um amigo nm cada rosto igualdade. O povo é quem mais ordena dentro de ti, ó cidade!	En cada esquina un amigo, en cada rostro igualdad. El pueblo es quien más ordena dentro de ti ¡Oh ciudad!
À sombra duma azinheira que já não sabia a idade	A la sombra de una encina que ya no sabía su edad,

Durante la dictadura, en 1972, Arancibia fue encarcelada por "propaganda ilegal" y, en 1981, la Capitanía General de Valencia (al mando de Milans del Bosch) intentó procesarla por "negarse a revelar sus fuentes"." Fuente: https://www.rsf-es.org/news/espana-mercedes-arancibia-socia-honor-reporteros-sin-fronteras/

jurei ter por companheira,	juré tener por compañera,
Grândola, a tua vontade	Grândola, tu voluntad.
[...]	

[Anexo 6]

¿Es un muro? ¿Es una trinchera? ¡No! Es el Estado autoritario y con la censura hemos topado

En el estado español durante la dictadura de Francisco Franco encontramos manifestaciones musicales de corte claramente político. Las muestras pueden ser abundantes y muy variadas, pues sin ir más lejos algunos habrán escuchado alguna vez *La fiesta* de Joan Manuel Serrat, ya sea porque el *abuelo* la canta o su madre guarda un *LP* que de tanto en tanto escucha.

No queremos volver sobre nuestros pasos, ya hemos hablado de como la música puede ser una manifestación política de una parte de la sociedad, o como el ambiente político influye en la aparición o la intencionalidad de las obras musicales, o cómo el poder llega a aprovechar o desdeñar dichas manifestaciones o a sus creadores. Lo que queremos ver ahora es si existe alguna relación directa entre la música y el poder.

No es oro todo lo que brilla, es lo que reza el refrán, y este análisis no sería correcto si obviamos una realidad que afectó y afecta a millones de personas pues para desgracia de muchos, la música también ha sido una – en algunos casos letal – herramienta de adoctrinamiento y represión.

No entraremos por razones de espacio a analizar los distintos regímenes dictatoriales o democráticos que puedan contener manifestaciones artísticas – es arte que puede no agradar, pero arte al final – utilizadas o esgrimidas históricamente como medio de control social, o no – dado que en todo régimen hay quien está a favor y lo defiende – del poder hacia el pueblo.

Recurriendo a lo que expone Noguera en su Teoría del estado y del poder en Gramsci, atendamos a que

> "la función de la religión como mecanismo de control social, debe ser desarrollada ahora, por un entramado nuevo de las formas del poder en el que se conjuguen, los contenidos de una ética social secularizada y las formas y prácticas de subjetivación, que hagan posible conectar los adentros psicológicos del hombre con los imperativos del orden social"(Noguera Fdez., 2011, pág. 5),

Ejemplo de lo anterior lo encontramos en el franquismo y su enquistamiento con la religión católica. Pero, además, se demuestra en una propaganda artística que abarca ambos aspectos, así, tenemos que ir *Cara al sol* y orgullosos de hacerlo era premisa de identidad y orgullo nacional.

Es necesario acabar de matizar el porqué de la influencia de la cultura en la sistematización de un pueblo, así

> "Gramsci se refiere a la necesidad para toda clase social que quiera tomar el poder e instaurar un orden favorable a sus intereses, de promover primero, una transición o adaptación de la realidad social hacía su ideología-cultura[55]: "La supremacía de un grupo social se manifiesta de dos modos, como dominio y como dirección intelectual y moral. Un grupo social es dominante respecto de los grupos adversarios que tiende a liquidar o a someter incluso con la fuerza armada, y es dirigente de los grupos afines y aliados.
> Un grupo social puede y hasta tiene que ser dirigente ya antes de conquistar el poder gubernativo (esta es una de las condiciones principales para la conquista del poder); luego, cuando ejerce el poder y aunque lo tenga firmemente en las manos, se hace dominante, pero tiene que seguir siendo también dirigente. (...) debe haber una actividad hegemónica incluso antes de llegar al poder, no se tiene que contar sólo con la fuerza material que da el poder para ejercer una dirección eficaz". A este proceso previo de transformación de las relaciones sociales por parte de una clase, es lo que Gramsci, tomando un concepto que había sido utilizado por Vicenza Couco (1770-1823) para referirse a la revolución napolitana de 1799, llama una "revolución pasiva" o "revolución sin revolución"." (Noguera Fdez., 2011, pág. 10)

No basta solo con el poder, es una idea recurrente en este trabajo, se hace necesario articular mecanismos de sumisión o adhesión a las ideologías del régimen que dirige el destino de la sociedad. Así, la cultura es el canal implícito por el que se llega a

[55] Llegados aquí, podríamos pensar en Maquiavelo y "el Príncipe". Recordemos que Maquiavelo aconsejaba al príncipe el control desde dentro, pero no solo desde la posición de dominio, sino desde la integración de la tradición, el príncipe debe aprender las costumbres, el idioma, etc.

la voluntad popular.

Podríamos ampliarnos y ejemplarizar este argumento mediante regímenes actuales como pueden ser el norcoreano o el iraní, pero la extensión de este trabajo es ya bastante inquietante, por lo que siendo prácticos ilustraremos, con ejemplos, cuatro casos concretos: tres asociados al estado español durante el franquismo, con *Cara al sol*, la censura de *La fiesta* de Joan Manuel Serrat y el simbolismo contenido en *L'estaca* de Lluís Llach; y uno asociado al régimen soviético o, mejor dicho, a las ideologías comunistas mediante la propaganda no intencionada en el exterior con Nathalie de Gilbert Bécaud.

Cara al sol - Rafael Sánchez Mazas,
Pedro Mourlane Michelena y Jacinto Miquelarena
(España - 1939) Fragmento

Cara al Sol con la camisa nueva,
que tú bordaste en rojo ayer,
me hallará la muerte si me lleva
y no te vuelvo a ver.
[...]
Volverán banderas victoriosas
al paso alegre de la paz
y traerán prendidas cinco rosas
las flechas de mi haz.

Volverá a reír la primavera,
que por cielo, tierra y mar se espera.
¡Arriba, escuadras, a vencer,
que en España empieza a amanecer!
¡España una!
¡España grande!
¡España libre!

¡Arriba España!

[Anexo 7]

Somos conscientes de que esta obra puede producir incomodidad en algún lector, dado el contexto histórico y el ambiente político que la alberga y la justifica. En todo caso es una alegoría, algo representativo de aquello en lo que una parte importante de la sociedad española de entonces creyó y que, también una parte importante, aun cree. Pregona la unidad española por encima de todo y lo glorioso de morir defendiendo esa unidad patria en un periodo histórico donde era necesario poner en valor las premisas del régimen. De ahí la obligación de ser objetivos a la hora de exponer estos argumentos, entendiendo que hubo y hay quienes se identificaron e identifican con lo que este texto y su melodía representan.

No se trata ahora de entrar a analizar las virtudes u horrores del franquismo, dado que es una cuestión de la que ya se ha hablado con amplitud de detalle desde nuestra y otras disciplinas, en libros de historia, etc. Lo que prima es la idea de la música en el régimen, del uso que se le dio y de la aceptación de ciertos cánones a la hora de componer o interpretar según qué obras.

En este sentido, José Antonio Muñiz apunta:

> "Ahora será la propaganda la que se vista de música, la que se camufle entre los pentagramas. No se trata ahora de usar una música que existía por motu propio, sino de crear una música con el único sentido de servir como propaganda, dando así un nuevo género musical, la música propagandística,"

– aunque más adelante matizaremos la cuestión de propaganda y adoctrinamiento – "*Como ejemplo claro, tenemos los himnos de los países, de las regiones, de ciudades incluso. Una propaganda hecha música, que nos acosa no por los ojos sino por los oídos.*" (Muñiz V., 1998, pág. 345) A pesar de la claridad de Muñiz, establezcamos antes de continuar una prudente línea que nos ayude a matizar una idea distintiva entre la propaganda y el adoctrinamiento: podemos, sin temor a equivocarnos, pensar que ambos conceptos equivalen a una misma concepción, pero – y no damos por seguro nada en este sentido – hacer propaganda se podría entender como algo que se consigue desde cualquier punto, es decir, desde el poder o no.

Un partido político, por ejemplo, puede hacer propaganda de su plan de gobierno, o su ideología, sin estar en el poder y para ello usará los medios que tenga a su alcance. Yo puedo hacer propaganda de mi libro, de mi música, de mi restaurante, mas no por ello condicionar a las personas a leerlo, oírme o venir a comer a mi casa.

El adoctrinamiento, en tanto que propaganda, viene por lo general acompañado de cierto grado poder, de cierto control sobre los medios de producción y divulgación. Podemos libremente propugnar nuestras doctrinas por la calle o si somos, por ejemplo, religiosos desde nuestros púlpitos. Pero seguimos sin poder obligar a nadie a interiorizar nuestro pensamiento. Como mucho, se intuye que podemos sugestionar al personal, convencerlo, pero no tenemos el control absoluto de los medios que pueden influir en las personas una vez salgan de nuestro ámbito de adoctrinamiento, con lo que serán otros los factores que deberán ayudar a que nuestra idea se implante.

En cambio, el poder – hemos dicho – controla los medios de producción y de difusión, puede influir en la producción misma, en lo que se ve o se ha de ver, escuchar o sentir; puede producir un mayor volumen de filiación a sus ideas controlando la ausencia de otras y esto es algo que el franquismo supo usar, al respecto Muñiz nos comenta:

> "Lo cierto es que por intuición o por ciencia, Franco y su régimen tuvieron presente guardarle un determinado papel a la música en toda su orquestación propagandística y simbólica, bajo diferentes frentes de actuación. Franco siempre tuvo constancia de la enorme importancia de las relaciones públicas, de la comunicación, de la prensa, de la propaganda (M. Leguineche, 1996, pág. 147) ya fuera a la hora de plantear una guerra, como a la de forjar su propia carrera profesional. La música fue un detalle que no se le escapó.

> Una de las reglas de la propaganda señaladas por Domenach es precisamente la orquestación, es decir, la de orientar varias acciones diferentes para hacerlas desembocar por diversos caminos y con un tempo previsto, en un mismo objetivo comunicativo-persuasivo. «La música, (afirma Pizarroso Quintero, 1996, pág. 30), especialmente el canto, ha sido utilizada siempre como instrumento propagandístico», ha sido y es, como vemos, uno de esos caminos que puede tomar la propaganda, una vez orquestada y planificada. El Franquismo puso en funcionamiento un sistema propagandístico que no prescindió de la música para así servir mejor al régimen, contribuir a forjar un Imperio y glorificar a su Caudillo." (Muñiz V., 1998. p. 344)

Dicho lo anterior, vemos que la propaganda es un compendio de acciones y en el caso del franquismo, una herramienta de adoctrinamiento muy potente. Siendo esto lo que inevitablemente nos lleva a la cuestión del control de las ideas que no comulgasen con el régimen, a los límites establecidos sobre el acceso a otras fuentes culturales o en su defecto contraculturales que pudiesen poner en tela de juicio su hegemonía.

De ésta no escapó el nano del Poble Sec

Hablamos de música, hablamos de política. En ambos casos podría decirse que hablamos de libertades culturales y cívicas.

Son cuestiones que a priori, siendo como somos personas que se han desarrollado en un ambiente democrático mayoritariamente, las damos por asumidas, a veces ni siquiera pensamos en estas hasta que sucede algo que las vulnera.

Para entender estos fenómenos durante el franquismo deberíamos tener en cuenta los límites a la libertad de expresión a "respetar" por los compositores, aunque a fecha de hoy – marzo del 2019[56] – como ya sucedió durante la dictadura, en el estado español se persigan músicos y compositores por las ideas expresadas en sus obras – casos de Valtonyc y Pablo Hásel[57] –, lo que bien nos podría dar material de análisis para un capítulo entero, pero no lo vamos a hacer. Nos centraremos en la época de *Cara al sol* y la censura. En este último aspecto será interesante recurrir a la canción *La fiesta* de Joan Manuel Serrat, de la cual el mismo Serrat decía lo siguiente al periodista también catalán Joan Barril:

> "J.B. - Yo creo que eres uno de los proto republicanos porque, aunque no lo sepan, la censura, cuando aún existía, te coló una canción, que era aquella Fiesta, donde por una casualidad

[56] Para la segunda edición editada entre junio-julio del 2020, solo apuntaremos a que la situación de los músicos mencionados en el párrafo sigue siendo de persecución judicial.

[57] No entraremos en detalle respecto a la mención claramente intencionada de ambos músicos, ello supondría un desvío de la objetividad perseguida en este trabajo al ser cuestiones ligadas a la actualidad política española, vinculada al independentismo catalán o al rechazo a la corona española. Recomendamos profundizar en estos casos, para entender por qué es de recibo traerlos a colación.

extraña, mira por donde, subías una calle y había unas guirnaldas de luces rojas, lilas y amarillas. Y digo ¿Esto no lo ha visto el censor o qué pasa?

J.M.S. - Sí...

J.B. - Pues debía ser un censor republicano...

J.M.S. - No, es que hay dos versiones. Hay una versión que pasó primero y después cayeron y dijeron: oiga, esto tendría que cambiarlo, ponga verdes. Pondré verdes. Y entonces sale esta bandera extraña que más bien parece de Bolivia..."[58]

La censura fue tan minuciosa con Serrat como con otros compositores, y se enconó particularmente con esta canción. Las razones, algunos aducen, eran más morales que de cariz político, básicamente por lo "soez" que podía resultar la pieza en algún verso. Serrat nunca llegó a editar una versión de estudio que incluyese el lila, aunque sí que dio a conocer esta versión en 1981 en un concierto en México. Desde entonces, al parecer cuando interpreta esta pieza lo hace con este cambio o mejor dicho, sin cambiar la letra original.

Lo relevante es el control, el cuidado que tiene el régimen sobre

[58] El diálogo anterior forma parte del final de la charla que Joan Barril y Joan Manuel Serrat mantuvieron el 14 de abril de 2011 en el programa radiofónico *El Cafè de la República* de Catalunya Ràdio, y se hace referencia a los colores de la bandera de España durante el período de la II República, entre 1931 y 1939, que eran, de arriba a abajo, rojo, amarillo y morado; los dos primeros en representación de la Corona de Aragón y el último de Castilla.

aquello que puede escapar a la idea que entiende que la sociedad debería concebir. Aparte de las expresiones "vulgares" que podían contener los versos de Serrat, que hoy día con toda sinceridad no son ni por asomo extrañas, el detalle del color verde en vez de lila denota que el propio régimen es consciente de su vulnerabilidad ante las ideas, pues no deja de ser simplemente eso, una idea, pero transmitida de una forma viral, algo que solo la música, en este caso una canción, puede conseguir, dado que basta con que una persona la aprenda para desperdigarla por doquier.

Aquí ambas letras, a la derecha solo se anotan los versos de la versión original que la censura exigió cambiar:

La fiesta – Joan Manuel Serrat - Con censura Fragmento.	**La fiesta** – letra México 1981
[…]	
Y colgaron de un cordel,	
de esquina a esquina un cartel	
y banderas de papel	
verdes, rojas y amarillas.	**lilas**, rojas y amarillas.
[…]	
en la noche de San Juan	
como comparten su pan,	
su tortilla y su gabán	su **mujer** y su gabán
[…]	
juntos los encuentra el sol	
[...]	
abrazando una muchacha.	**magreando a** una muchacha.
[…]	
la pobre vuelve al portal,	**la zorra pobre** al portal,
la rica vuelve al rosal	**la zorra rica** al rosal

[Anexo 8]

La Fiesta para quienes la escuchan por primera vez ajenos a la historia que hay detrás, es una pieza festiva a la que en principio no se le debería dar una interpretación distinta que la del acervo de un pueblo desconocido, o de época desconocida, en tiempo de jolgorio, solsticio de verano y fiesta de San Juan. Pero "eso" que hay detrás es la cuestión que nos interesa, esa censura de cinco palabras muy concretas que nos hacen preguntarnos hasta dónde llega su poder ideológico. Si un régimen es capaz de silenciarlas al entender que está al alcance de la sociedad interpretarlas libremente y darles un sentido distinto al que éste espera, hace que nos cuestionemos ¿Cuán peligroso puede ser el color lila?

Obviamente nada peligroso en tanto no haga combinación con el rojo y el amarillo, trio de colores que flameaban en la bandera de la República Española previa a la guerra civil y a la dictadura franquista. Es decir, un color fue capaz de dotar de todo un contenido político la letra de una canción. De hecho, ni siquiera es una idea que se repita a lo largo de la pieza, solo se menciona en un verso, en una única línea, aludiendo a unas simples banderas de papel.

Talvez el error del régimen franquista, o de la censura en sí, fue precisamente reparar en ese nimio detalle, pues a nuestro entender, insistir en censurar ese matiz de color politizó la canción o, mejor dicho, le dio un sentido político que quizás el propio Serrat no pretendía en un principio, pero es algo que, claro está, únicamente él como autor nos podría confirmar.

Bécaud y la publicidad gratuita

Si la intención de Gilbert Bécaud hubiese sido la de promover las "virtudes" del régimen soviético y haber cobrado por ello, seguramente no le habría salido el proyecto tan bien como les resultó a las ideologías de izquierda, afines al comunismo, el intento de crítica romántica que el cantante francés pudo transmitir con una canción compuesta por Pierre Delanoë. Tras la IIGM, Bécaud conoce a Delanoë, un ex recaudador de impuestos que se convertirá en el letrista de sus más memorables éxitos. Delanoë compone para Bécaud una historia de amor entre un turista francés y su guía rusa, canción sobre la cual en 1994, declara: "*Amo a Rusia, amo su literatura, su manera de beber y comer. Pero odio a los comunistas. Yo quería que con esta canción emergiese el alma rusa.*"[59]

[59] Artículo titulado "Tres hermanos, el comunismo y una rubia llamada Nathalie" del periodista Michael Zarate, publicado en la columna *La Rocola Itañola* del diario El Comercio, Perú. Fuente: https://elcomercio.pe/blog/larocolaitanola/2017/08/tres-hermanos-el-comunismo-y-una-rubia-rusa-llamada-nathalie

Pero hagamos una parada previa en Francia, y en los hechos que ambientaron el "Mayo del 68" para recordar que:

> "Aquella asonada unió por un momento, y contra naturam, a los estudiantes, los sindicatos y el Partido Comunista Francés. [...] Las causas aducidas por los historiadores han sido el paro, la guerra de independencia argelina, la hartura del régimen presidencialista del general De Gaulle, más el eco de la guerra de Vietnam, la rebelión hippie y beat estadounidense, la esperanza en la nueva versión china del comunismo tras el descrédito del soviético en la invasión de Hungría en 1956 y la «primavera de Praga», aquel mismo 1968." (Carnero, 2018, pág. 3),

Si traemos a colación el texto anterior es por una razón muy sencilla:

> "Las canciones de Gilbert Bécaud («Nathalie»), Jane Birkin y Serge Gainsbourg, France Gall, Françoise Hardy, Michel Polnareff, Sylvie Vartan y Hervé Vilard («Capri, c'est fini»); [...] Aquellas canciones y aquellas películas hablaban de la soledad, la tristeza, el ansia de amor, la incomprensión, el abandono y la desesperanza [...] En aquel contexto, Mayo del 68 parecía el lógico segundo acto de una contenida tragedia cotidiana marcada por la frustración y la melancolía [...], y cuyo revulsivo el fin de la resignación de acuerdo con el mensaje de [...] un texto tan ambicioso como utópico y que por eso fue la Carta Magna de Mayo del 68, aunque muchos de sus protagonistas no lo supieran."[60]

[60] Ibidem.

La música y otras formas de arte estaban presentes en aquellos hechos, y como hemos observado una de las piezas musicales citadas es *Nathalie* de Bécaud.

La influencia de este tema que recordemos su autor no pretendía, llegó al otro lado del Atlántico a una Latinoamérica inmersa en inestabilidad política y social. Una canción que debía ser un revulsivo del espíritu ruso, no soviético o comunista, devino en parte del repertorio musical de los movimientos de izquierda latinoamericanos – motivo por el que la hemos seleccionado –, sin olvidar que en Francia ya sonaba o se hacía sonar con esta intencionalidad.

El café Pouchkine[61] que se menciona en uno de los versos no existía en 1964, ni siquiera en 1968. Se inauguró en Moscú en 1999, 35 años después de que la canción de Bécaud fuese presentada en sociedad, como homenaje precisamente al contexto de la canción, con lo que hoy es un lugar de visita obligada para los turistas franceses ¿Una paradoja temporal o mera curiosidad?

El tema fue un éxito, la visión de la URSS de pronto y en plena guerra fría se torna romántica y atraviesa el Atlántico, llegando

[61] Artículo La canción que inspiro un restaurant Fuente: https://www.vistazo.com/seccion/mundo/actualidad-mundial/la-cancion-que-inspiro-un-restaurant

a ser en su versión latinoamericana como un himno revolucionario y de los movimientos de izquierda de la época. En este sentido, sus intérpretes, los Hermanos Arriagada nos dejan anécdotas ligadas al respecto que transcribiremos a continuación:

> """La tomaban como muy política, por la mención a la Revolución de Octubre", mencionó Jorge Arriagada a Viva La Radio Tv de Colombia. El arrollador éxito de Nathalie llevó a los Hermanos Arriagada por primera vez a Caracas, donde los estudiantes universitarios solían cantarla en manifestaciones políticas. "La tenían como himno", dijo Jorge. Pero Venezuela no fue el único caso.
>
> Cuando los Arriagada fueron a Santo Domingo (República Dominicana), tuvieron que cantar en el escenario junto a un batallón de soldados que portaban metralletas ante la posibilidad de que estallara cualquier acto de violencia. "Cada vez que decíamos 'de la revolución', la gente gritaba '¡de octubre!'", señaló Jorge Arriagada, quien también recordó lo sucedido en Miami.
>
> Conocida por su gran concentración de cubanos opositores al régimen castrista, los Arriagada fueron a Miami a cantar en un local cuyo dueño les pidió muy seriamente que no interpretaran Nathalie. Pero como era un tema que la gente pedía, lo hicieron. "Luego del concierto, el tipo fue con un revólver adentro del camarín y nos dijo: '¡Se van de aquí! ¡Yo les dije que no la cantaran!" detalló Jorge."[62]

[62] Del artículo: Tres hermanos, el comunismo y una rubia llamada Nathalie, por Michael Zárate Fuente: https://elcomercio.pe/blog/larocolaitanola/2017/08/tres-hermanos-el-comunismo-y-una-rubia-rusa-llamada-nathalie

Nathalie – Delanoë & Bécaud
(Francia 1964) Fragmento.

La place Rouge était vide,
mevant moi marchait Nathalie
Il avait un joli nom, mon guide
Nathalie

La place Rouge était blanche,
la neige faisait un tapis,
et je suivais par ce froid dimanche
Nathalie.

Elle parlait en phrases sobres
de la révolution d'octobre;
je pensais déjà,
qu'après le tombeau de Lénine
On irait au cafe Pouchkine
Boire un chocolat.

La place Rouge était vide
J'ai pris son bras, elle a souri
Il avait des cheveux blonds, mon guide
Nathalie, Nathalie...
[...]

Nathalie – Hermanos Arriagada[63]

La Plaza Roja desierta,
delante de mí Nathalie,
tenía un lindo nombre mi guía
Nathalie.

La Plaza Roja muy blanca,
la nieve formaba un tapiz,
y yo seguía aquel frío domingo
a Nathalie.

Hablaba en francés muy sobrio
de la **revolución de octubre**;
yo pensaba ya,
que de la **tumba de Lenin**
iríamos al café Pushkin
a tomar un chocolate.

La Plaza Roja desierta,
le tomé un brazo y sonrió,
rubio era el cabello de mi guía
Nathalie, Nathalie…

[Anexo 9]

Eliminemos ahora solo dos elementos de la letra de esta canción: la tumba de Lenin y la Revolución de octubre. Podremos observar que el contexto político desaparece casi por completo, no hay alusión política a lo que el comunismo puede o no significar para quien escuche la canción, con lo que su

[63] Esta fue una de las primeras canciones que aprendí a acompañar en guitarra, difícil trabajo para un niño de once años, más en tempo de la polka cuyo pulso se acelera notablemente. Hablo de 1987, veintitrés años después de que Bécaud editase el tema original y a mí me llegase de manos de mi padre la versión de los Arriagada en una cinta que, contra todo pronóstico, aún conservo y que le ha dado la vuelta al globo conmigo.

intencionalidad cambia totalmente, pierde su sentido político y adquiere ese punto meramente romántico que la habría hecho pasar como una pieza de amor platónico en un escenario exótico sin más ¿Delanoë o Bécaud sabían esto o no? ¿Su intencionalidad era realmente la de exaltar el orgullo ruso contra el comunismo o la de hacer propaganda al régimen soviético?

Obviamente es algo a lo que no podremos responder y solo nos queda fiarnos de lo que su autor dijo en su día…

Canción contra el régimen, simbolismo cantado y sociedad

Avancemos un poco más. Hemos visto cómo los regímenes pueden hacer uso de la música en su beneficio o bien, procurar que incida de la manera menos perniciosa en el quehacer cultural de la sociedad. Además, que no siempre escapa del beneficio indirecto o del ataque directo devenido desde el arte – en alusión a Bécaud y Delanoë – siendo el arte, en nuestro caso la música, un arma de doble filo.

Durante el franquismo surge la reivindicación también en forma de canción. Los hubo más comedidos, como lo fue el caso de Serrat o los que no hicieron caso a las prohibiciones y amenazas como Sabina o Llach. El último hubo de exiliarse en Francia poco después de componer y editar *L'estaca*, canción que curiosamente paso por la censura hasta 8 veces y que finalmente fue publicada con el título de *Ahir*. Para cuando el tema quiso ser prohibido ya había calado en el acervo de una parte de la sociedad catalana, de manera que la prohibición tuvo poco efecto.

No osaremos decir que gracias a *L'estaca* cayó el régimen franquista, que no cayó – a ver – entendamos que fue una manifestación política que enraizó, como hemos dicho, en una parte importante de la sociedad catalana y que trascendió fuera de las fronteras del estado español, llegando a ser considerada en muchas partes de Europa incluso como un canto propio de lucha, por ejemplo: el sindicato polaco Solidaridad (Solidarność) adoptó este tema como himno, dejando de manifiesto la influencia que la música puede tener en la política y viceversa, más precisamente en los movimientos sociales y en sus repertorios de acción colectiva.

L'estaca - Lluís Llach (Catalunya) Fragmento

L'avi Siset em parlava de bon matí al portal,
mentre el sol esperàvem i els carros vèiem passar.
Siset, que no veus l'estaca on estem tots lligats?
Si no podem desfer-nos-en mai no podrem caminar!

Si estirem tots ella caurà i molt de temps no pot durar.
Segur que tomba, tomba, tomba, ben corcada deu ser ja.
Si jo l'estiro fort per aquí i tu l'estires fort per allà,
segur que tomba, tomba, tomba, i ens podrem alliberar.

Però, Siset, fa molt temps ja, les mans se'm van escorxant,
i quan la força se me'n va ella és més ampla i més gran.
Ben cert sé que està podrida però és que, Siset, pesa tant,
que a cops la força m'oblida. Torna'm a dir el teu cant:

La estaca

El abuelo Siset me hablaba, muy temprano en el portal,
mientras el sol esperábamos y los carros veíamos pasar.
Siset ¿Qué no ves la estaca dónde todos estamos atados?
¡Si no podemos quitarla, nunca podremos caminar!

Si tiramos todos ella caerá y mucho tiempo no puede durar.
Seguro que tumba, tumba, tumba, muy carcomida debe estar.
Si yo tiro fuerte por aquí y tú tiras fuerte por allá,
seguro que tumba, tumba, tumba y nos podremos liberar.

Pero, Siset, hace mucho tiempo ya, las manos se me van despellejando,
y cuando la fuerza se me va ella es más ancha y más grande.
Bien cierto es que está podrida, pero es que, Siset, pesa tanto,
que a veces la fuerza me olvida. Vuélveme a decir tu canto:

[Anexo 10]

L'estaca es una pieza cargada de simbolismo, obviamente no entraremos en detalles acerca de cuándo se editó o sus dificultades con la censura franquista, pues indirectamente ya lo hemos abordado con *La fiesta* de Serrat, no porque sea menos importante o significativa, sino porque nos la trasladaremos en el tiempo, a la actualidad y al uso político que el catalanismo hace de esta pieza, siendo esgrimida, de hecho, por su propio autor como canto que encaja a la perfección en el contexto político actual, en lo que se ha llegado a denominar "el conflicto catalán" o bien "la cuestión catalana".

Se podría decir que forma parte de la banda sonora del independentismo catalán, y ha venido a ocupar cierto espacio que durante décadas ostentó *Els Segadors*, con la gran diferencia de la universalización de esta pieza, pues como ya hemos apuntado a trascendido fronteras e idiomas, la cual cosa no es de menospreciar dado que en una importante parte de sus versiones se liga a lo político del entorno. Su recorrido creemos aún no ha acabado, pero dejamos este breve análisis con la idea de que es una pieza con clara identificación e intencionalidad política, cultural y en el caso de Catalunya, lingüística y sea como sea es un canto reivindicativo de una parte de una sociedad que pide un cambio político.

Ahora bien, si hemos de abordar la reivindicación del pueblo, la lucha explicada mediante la canción tendríamos que pensar en aquello de "*el pueblo unido jamás será vencido*". De no haberlo hecho, seguro que cualquier día de estos lo haremos al sentirlo coreado en algún noticiero, en tanto – desde nuestro humilde punto de vista – ha sido y seguirá siendo el canto político-sindical de reivindicación obrera por excelencia. Posiblemente una herramienta de adoctrinamiento populista, visto desde el prisma de quienes se sienten aludidos cada vez que lo escuchan por la calle.

En el capítulo que dedicaremos a la música en regímenes,

profundizaremos un poco más en el contexto político en el que se compuso – la canción la dejaremos aquí –.

El pueblo unido jamás será vencido - Sergio Ortega (Chile - 1973)
Fragmento

El pueblo unido, jamás será vencido,
el pueblo unido jamás será vencido...

De pie, cantar que vamos a triunfar.
Avanzan ya banderas de unidad.
Y tú vendrás marchando junto a mí
y así verás tu canto y tu bandera florecer.

La luz de un rojo amanecer
anuncia ya la vida que vendrá.
[...]

Y ahora el pueblo que se alza en la lucha
con voz de gigante gritando ¡Adelante!
¡El pueblo unido, jamás será vencido,
el pueblo unido jamás será vencido!
[...]

Y ahora el pueblo que se alza en la lucha
con voz de gigante gritando ¡Adelante!
¡El pueblo unido, jamás será vencido,
el pueblo unido jamás será vencido!

[Anexo 11]

En resumen

En este capítulo hemos intentado dar la vuelta a la situación, ver la música desde el control y la censura, desde el beneficio o mal que puede causar como manifestación política en un régimen cualquiera, claro que por cercanía cultural y temporal tratamos concretamente el caso español durante el franquismo.
Ha sido un análisis somero y podríamos haber incidido más y extendernos con contenido y seguir hallando relaciones dignas de estudio, pero la síntesis llama a ser prudentes y directos dado que creemos es lo mejor en un trabajo de una extensión como la que ha de contenerse en este ensayo. De hecho, el haber introducido en su desarrollo la figura de Lluís Llach es algo que no teníamos previsto en un principio, pero que nos ha servido como ejemplo del alcance que las ideas pueden tener. La literalidad de la letra de Llach no va más allá de una "traba", de algo que no permite a quienes están sujetos a esa estaca moverse libremente.

Para el sentimiento independentista catalán se trata de una letra cargada de un simbolismo que quien no esté familiarizado con este hecho podría perfectamente pasar por alto, sin que por ello deprecie la calidad e intencionalidad de esta pieza. El cargar de simbolismo un elemento cualquiera da libertad a esta letra de adaptarse a cualquier contexto político o social, de ahí la facili -

dad con la que otros movimientos sociales de lugares distintos hayan hecho de *L'estaca* un tema musical dentro de sus repertorios de acción colectiva.

VIII

Imagen 7 – *Los tres músicos* – Óleo sobre tela de Pablo Picasso, 1921. Expuesto en el Museo de Arte Moderno de Nueva York.

MÚSICA DEL ALTIPLANO, CONSUELO Y REIVINDICACIÓN DE PUEBLOS CONQUISTADOS

Entre los pueblos amerindios de América del Sur, más concretamente del alto Perú y Bolivia, donde recalan los vestigios de lo que fueren las culturas Quichua y Aymara, entre otras igual de relevantes – antaño parte del imperio Inca – existe una gran tradición cultural y musical que data de siglos antes del descubrimiento europeo del nuevo continente. Dicho acervo evolucionó y se adaptó a los tiempos de la conquista y posterior colonización, intentando mantener vivas culturas que cada vez más se veían solapadas por los hábitos "cultos" de los nuevos conquistadores.

La posterior evolución musical en el altiplano, sobre todo del siglo XX, trajo consigo una mimetización del hecho cultural ahora con el hecho político y de reivindicación de estas culturas. Es la manifestación del mestizaje del acervo propio de estos pueblos andinos con expresiones abiertamente contrarias al hecho colonizador. Así pues, podríamos decir que la música latinoamericana, no solo la andina, en ciertos aspectos involucionó, regresó a las raíces anteriores a la conquista y dejó atrás parte de los ligámenes con la musicalidad llevada e impuesta por los europeos – que existió y existe – ya no solo por una cuestión cultural-musical, sino por el contexto político.

Cabe pensar que el Imperio Inca (o el Maya o Azteca, por ejemplo) tenían su musicalidad propia, lo mismo que su política. Razón demás para entender que había músicos incas con sus sikus y tinyas, intérpretes de sus tradiciones, lo mismo que sus versiones propias de administradores públicos o políticos. De lo anterior deviene que sea difícil pensar que nada pudiese sobrevivir, aunque en algunos libros de historia encontremos intentos de borrar cualquier manifestación cultural existente antes de la colonia, limitando todo a la idea del culto al sol como excusa para la erradicación de las culturalidades de los pueblos originarios de Abya Yala.

Ya hemos dicho que sobrevivió parte del acervo propio de estas civilizaciones y que vio la luz el mestizaje cultural en todo el continente y en todos los sentidos, incluido el sonoro. De ésta manera, como apunta Gerard Béhague:

> "Historically, art music in Latin America is a reflection and an extension of the Western European tradition. But one cannot be dogmatic about the matter of definition, since it depends on one's frame of reference. Many people, past and present, consider art music as genuinely Latin American as any other musical tradition. The association of that music with specific nation-states throughout the continent became particularly evident with the advent of the nationalist trend cultivated strongly from the 1920s to the 1950s. [...] to analyse the motivation of certain composers for relying on indigenous musical traditions and the potential resulting "national"

qualities of these traditions."[64] (Béhague, 2006, pág. 28)

Entonces ¿Hablamos de rescate del hecho cultural mediante el mestizaje, aunque manteniendo clara la idea de su intencionalidad política?

Béhague lo interpreta como algo que fomenta el nacionalismo y el concepto de nación en los jóvenes estados latinoamericanos, pues mucha de esta reivindicación se hará desde las partituras.[65]

---

64 [Históricamente, la música artística en América Latina es un reflejo y una extensión de la tradición de Europa occidental. Pero podemos ser dogmáticos sobre el tema de la definición, pues depende de su marco de referencia. Mucha gente, en el pasado y en el presente, considera la música artística tan genuinamente latinoamericana como cualquier otra tradición musical. La asociación de esa música con estados nacionales específicos en todo el continente se hizo particularmente evidente con el advenimiento de la tendencia nacionalista cultivada fuertemente desde la década de 1920 hasta la década de 1950. [...] para analizar la motivación de ciertos compositores para confiar en las tradiciones musicales indígenas y las posibles cualidades "nacionales" de estas tradiciones.]

65 En mi etapa en el ZHdK de Zúrich (Suiza), como amante del folclore andino, siempre llevaba encima mi charango lo que me granjeo el apodo de "el vernáculo", cortesía de mis compañeros "clásicos" que estudiaban "música culta". El recital para mi licenciatura en guitarra, paradójicamente, lo hice interpretando la Suite Incaica del maestro Juan de Dios Aguirre Choquecunza, que consta de cuatro movimientos para orquesta de cámara y grupo andino la que, contra natura del clásico, interpreté en charango.

Adiós pueblo de Ayacucho, perlaschallai

En Perú, durante décadas, existió un contexto de violencia de origen político ejercida desde diversos sectores e incidiendo en una parte de la sociedad, síntoma de la inviabilidad del proyecto colectivo que acarreó consecuencias nefastas para la población peruana. Hablamos de más de 69 mil muertos o desaparecidos por organizaciones subversivas o gubernamentales (Partido Comunista del Perú-Sendero Luminoso, el Movimiento Revolucionario Túpac Amaru y agentes del estado, en este caso, las fuerzas armadas y policiales).

Los datos del Informe Final de la Comisión de la Verdad y la Reconciliación nos dejan además una realidad más triste: tres de cada cuatro víctimas eran campesinos quechua-parlantes[66], víctimas en un sentido además cultural, pues cabe recordar que el padecimiento de las culturas originarias de Abya Yala ya venían siendo castigadas o invisibilizadas desde mucho antes.

El Inca Garcilaso de la Vega, en sus Comentarios Reales, nos dejaba ver que la minimización del hecho originario era pan de cada día en su época, explicándolo desde su propia visión y sustentado también por la tradición oral devenida de su madre

66 Se puede acceder al documento original en el sitio web de la Corte Interamericana de los Derechos Humanos, ubicada en San José de Costa Rica. http://www.corteidh.or.cr/tablas/R08047-26.pdf

y su tío,

> "pasemos adelante en la conquista y reducción de los indios, extendiendo algo más la relación sumaria que me dio aquel Inca con la relación de otros muchos Incas e indios naturales de los pueblos que este primer Inca Manco Cápac mandó poblar y redujo a su Imperio [...], me dieron larga noticia de sus leyes y gobierno, cotejando el nuevo gobierno de los españoles con el de los Incas, dividiendo en particular los delitos y las penas y el rigor de ellas. Decían me cómo procedían sus Reyes en paz y en guerra, de qué manera trataban a sus vasallos y cómo eran servidos de ellos. [...] vi muchas cosas de las que hacían a los indios en aquella su gentilidad, [...] Sin la relación que mis parientes me dieron de las cosas dichas y sin lo que yo vi, he habido otras muchas relaciones de las conquistas y hechos de aquellos Reyes." (Vega, 1997).

De la Vega no podía escapar a su destino como hijo de Capitán español y princesa Inca. Aún así, mucho de lo que relata en sus *Comentarios Reales* nos muestra abiertamente que la necesidad de reivindicación inició con la caída del último Inca gobernante, y nos conduce a pasajes de la historia y personajes como Tomas Katari, Túpac Katari y Bartolina Sisa, y a fechas como febrero de 1781 en Oruro.[67] No podríamos dejar de enmarcar lo vivido por de la Vega o los hechos de los Katari en lo que actualmente denominamos movimiento social, dado que es el inicio y

[67] El 10 de febrero de cada año se conmemora en Bolivia la Revolución de Oruro mejor también llamada Rebelión de Oruro, una de las más sangrientas rebeliones de Bolivia [...] calificada por alguno como el primer grito de Independencia de Bolivia, fue un enfrentamiento entre españoles criollos y mestizos. Fuente: https://www.lhistoria.com/bolivia/revolucion-de-oruro

continuidad de una serie de repertorios de acción colectiva que, aunque han cambiado con el tiempo, no han dejado atrás su razón principal y originaria de ser.

En el caso del Perú, Ayacucho fue el punto de partida de un conflicto "actualizado" que duró décadas y que por desgracia sigue latente ¿Cómo influye esto en este trabajo?

Aparte de que la dureza de estos hechos se ha recogido en libros, prensa, artículos académicos, etc., también ha trascendido al ámbito artístico de manera que, como ya hemos señalado en la primera parte de este capítulo, se ha particularizado la forma en la que la reivindicación política ha hecho presencia en la música, ejemplo de esto, como apuntaba Béhague, lo encontramos en factor del indigenismo que empezó a formar esta particularidad, sustentando el concepto de nacionalidad en las raíces culturales amerindias.

Ahora, cabe aclarar que indigenismo e indianismo no son lo mismo, pues el primero viene propugnado o defendido desde las instituciones gubernamentales poscoloniales, en tanto el segundo lo hace desde las mismas sociedades originarias.[68]

[68] Este sería un tema de desarrollo para una investigación enfocada propiamente en movimientos sociales indianistas de Latinoamérica, por esta razón solo mencionamos brevemente dicha diferencia entre indianismo e indigenismo.

Por último, el concepto de indianismo está estrechamente relacionado con el calificativo de "indio", que hasta no hace mucho era una forma peyorativa de ofender, de hacer daño, pero que actualmente es un calificativo de origen y orgullo, que ha conseguido hacer del indianismo un punto de encuentro de la identidad cultural y ancestral de los pueblos originarios de Abya Yala[69], donde la música ha jugado un papel preponderante no solo cultural, sino de calado político.

El huayno es un ritmo indio, tradicional, asociado comúnmente a la festividad o la alegría, la buena vida, etc., pero en Huanta, departamento de Ayacucho, a partir de 1969 la realidad se transforma a raíz de la siguiente disposición de ley:

> "DECRETO SUPREMO N° 006 – 69 / EP. EL PRESIDENTE DE LA REPUBLICA DEL PERÚ CONSIDERANDO:
> Que el inciso b) del Art. 1° de la Ley N° 14693, establece el régimen de la gratuidad de la enseñanza, en sus diferentes grados y niveles;
> Que de acuerdo con el Art. 4° de la misma Ley N° 14693, se suspende el derecho de gratuidad a aquellos que no aprueben sus estudios regulares;
> Que la Resolución Ministerial N° 668, de 10 de marzo de 1965, señala las pensiones de enseñanza y otros derechos que deben de abonar los alumnos que pierdan la gratuidad de la enseñanza;

[69] En mi opinión tanto da que los EEUU se quede con su muy preciado "nosotros

> Que los montos fijados por la indicada Resolución Ministerial N° 668, nos corresponde con el costo de la enseñanza;
> Que es conveniente dictar nuevas pausas sobre el particular, y
> Con el voto aprobatorio del Concejo de Ministros;
> DECRETA:
> ARTICULO 1°- A partir de la iniciación del año escolar de 1969, los alumnos de los planteles oficiales de Educación Secundaria Común, de Educación Secundaria Técnica, Mando Intermedio y Formación Magisterial, que pierdan la gratuidad de la enseñanza, abonarán la suma de cien soles oro (S/.100.00) mensuales de abril a diciembre."[70]

Huanta es una de las zonas más empobrecidas del Perú de 1969, de ahí que la decisión tomada por el gobierno central respecto a la educación pública provocara el descontento no solo de los huantinos, sino de gran parte de la población del departamento, en su mayoría indígena. Como era de esperar hubo movilizaciones y estas condujeron a la denominada Rebelión de Huanta.

Esta vez dejaremos el contexto histórico y el análisis politológico para dar paso a el relato de estos hechos mediante

---

somos América", Abya Yala es el nombre original del continente.

70 Recuperado de "Rebelión de Huanta, junio 1969" de Roger Saravia. Universidad Nacional de Educación Enrique Guzmán y Valle "La Cantuta", Lima – Perú. Fuente: https://www.monografias.com/trabajos22/rebelion-huanta/rebelion-huanta.shtml

la que talvez sea una de las más sentidas piezas del folclore peruano:

La flor de la retama - Ricardo Dolorier (Perú, 1969)
Fragmento

Vengan todos a ver
¡Ay, vamos a ver!
En la plazuela de Huanta,
amarillito Flor de Retama,
amarillito, amarillando,
Flor de Retama.

Donde la sangre del pueblo,
¡Ay! Se derrama…
Allí mismito florece,
amarillito, amarillando,
Flor de Retama.
[...]
Por Cinco Esquinas están,
los Sinchis entrando están.
Van a matar estudiantes
huantinos de corazón,
amarillito, amarillando,
Flor de Retama.
[...]

La sangre del pueblo tiene
rico perfume…

huele a jazmines, violetas,
geranios y margaritas,
a pólvora y dinamita
¡Carajo! A pólvora y dinamita.

[Anexo12]

En la plaza de Huanta se asesinan alrededor de 20 estudiantes que se manifestaban contra la nueva legislación que les privaba de la gratuidad en los estudios básicos en caso de suspenso. El asesinato es perpetrado por los "Sinchis", una unidad paracaidista de la Policía Nacional peruana, especializada en la lucha contrainsurgente y antinarcóticos y que, durante el conflicto armado interno en Perú, cometió actos atroces especialmente entre la población quechua de Huancavelica, Apurímac y Ayacucho. Tras los hechos, el autor (maestro de escuela), compuso la pieza, de lo cual explicó:

> "Una noche volvía a La Cantuta y fui procesando la letra mientras llegaba a mi casa, recuerdo que en el camino había muchas flores. Oswaldo Reynoso dice que yo llegué a su casa como a las 6 de la mañana y le canté el huaino que había compuesto"[71]

Su alusión a la Flor de retama es una cuestión, podríamos decir, subsidiaria. No obstante, enriquece el simbolismo de la pieza al punto que su connotación política trasciende de los propios hechos de Huanta. Posteriormente el tema será adoptado por Sendero Luminoso como una suerte de himno. A esto el autor llegó a afirmar que nunca fue compuesta con tal intención, pero el componente reivindicativo y de denuncia social implícito en la canción daba para mucho más que el testimonial que recogen sus versos de lo sucedido en la plazuela de Huanta, llegando al extremo de relacionar, en diversos ámbitos, la pieza con el movimiento maoísta y por defecto con cualquier ideología de izquierda radical.

La intencionalidad del compositor era la de plasmar su sentimiento o duelo por lo acontecido en Huanta, lejos – intuimos por lo que el propio Dolorier comenta – de cualquier idea de reivindicación política o social inicial. Así, *La flor de la retama* acabó siendo estigmatizada en muchos sectores de la sociedad peruana, más en aquellos afines a círculos gubernamentales de derecha.

71 https://larepublica.pe/sociedad/297830-a-la-contra-ricardo-dolorier-mi-pasion-es-el-magisterio

Bolivia, el alzamiento del canto andino

Durante la dictadura de Hugo Banzer en Bolivia (1971-1978), nacieron o adquirieron mayor relevancia movimientos opositores, tanto al gobierno como al trabajo en las minas. Eduardo Galeano nos dejó un pasaje que relató así:

> "Cuatro mujeres y catorce niños, llegados desde las minas de estaño, iniciaron entonces una huelga de hambre.
> _No es el momento_ opinaron los entendidos _ya les diremos cuándo…
> Ellas se sentaron en el piso.
> _No estamos consultando_ dijeron las mujeres _estamos informando. La decisión está tomada. Allá en la mina, huelga de hambre siempre hay. Nomás nacer y ya empieza la huelga de hambre. Allá también nos hemos de morir. Más lento, pero también hemos de morir" (Galeano, 1971, págs. 443-444)

Muchos de estos movimientos venían como respuesta al régimen boliviano de turno y fundamentaban mucha de su acción política, precisamente, en el tradicionario andino, evidenciando de ésta manera su situación y como forma adyacente de hacer frente a las vejaciones de un gobierno autoritario. No obstante, repetimos, era en sí la manifestación de un hecho que venía repitiéndose desde muchas décadas, incluso siglos atrás: la sistemática represión y denigración de los pueblos originarios bolivianos.

Estas reivindicaciones trascienden como hemos comentado al hecho cultural. Lo político encuentra de nuevo su camino en lo musical, empezando por la idea misma de la musicalidad implícita en las culturas del cono sur. Lo anterior, como ejemplo, se podría ilustrar con el hecho de que sobreviva la teoría de que el charango, instrumento andino con cinco órdenes de cuerdas dobles,

> "surgió como burla indígena a la práctica musical guitarrística hispana [...] hemos podido comprobar que entre el público que asiste a espectáculos de música andina reina la idea de que el charango nació como una sátira de la guitarra. [...] Llamaremos a dicho supuesto la tesis de la memoria colectiva."(Mendívil, 2018, págs. 103-104)

Y aunque varios estudios al respecto dan fundamento a otras explicaciones, la anterior sigue siendo la que al parecer cala en el acervo colectivo y la más aceptada socialmente.

La situación social y política de los amerindios, ya no solo en el altiplano boliviano/peruano, es denigrante y hasta hace muy poco no solo seguían siendo considerados habitantes de "segunda y de tercera" categoría – en muchos puntos de América Latina sigue siendo así – sino que eran explotados a un extremo que podríamos considerar como esclavitud. Sus manifestaciones han sido minimizadas tanto como ha sido posible. No obstante, han sobrevivido y han traspasado fronteras, no solo llegando a nosotros obras/piezas actuales, sino que se han rescatado obras antiguas que en su momento fueron silenciadas por ir en contra de la idiosincrasia de la sociedad seglar colonial. Un ejemplo de dicha resistencia cultural e ideológica se plasma en la vida de Tomas Katari, de quien se han escrito crónicas y relatos de muchos calados, quien junto a la figura de Túpac Katari son emblemas de reivindicación indianista.

Son figuras históricas, reivindicativas y representativas de una lucha ancestral a las que, dicho sea de paso, había recurrido el depuesto presidente de la República de Bolivia, Evo Morales junto al conocido grito de "Volveré y seré millones"[72], frase que, las cosas como son, ni es de José María Castiñeira y menos aún de Eva Perón.

La música andina, en su forma más cultural, irremediablemente se ha ido ligando al contexto político. Se ha intentado comercializar, se le ha dado un cierto grado de moda cultural a través de grupos andinos y a pesar de ello, el calado indianista

[72] "¡Yo moriré, pero volveré y seré millones!" retumbaba el grito de rebelión y a la vez profecía de Julián Apaza – más conocido por su nombre de guerra Túpac Katari – quien mantuviera en jaque a las autoridades del yugo español durante meses de una heroica lucha. Durante la insurrección, Túpac Katari lideró un ejército de más de 40.000 indígenas, que llegó a controlar Carangas, Chucuito, Sicasica, Pacajes y Yungas y que mantuvo sitiada la ciudad de La Paz durante tres meses. Fuente: https://www.alainet.org/es/active/69265

que no indigenista, ha sido fuerte y su difusión ha conseguido contrarrestar esos atisbos de "moda" iniciados en la década de los 90 del siglo pasado, manteniendo un espacio propio de audiencia a pesar de las presiones mercantiles o comerciales. Así, agrupaciones musicales andinas, cuya trayectoria se iniciaba desde la reivindicación del indianismo, cedieron a estas presiones de mercado – de lo que hablaremos más adelante – y cambiaron, algunos, incluso su estética. Otros, sin embargo, siguieron fieles a sus raíces ideológicas y políticas y el tiempo, se podría decir, les ha dado la razón.

Con la conmemoración de los 500 años del *descubrimiento*, asistimos a una eclosión o renovación de movimientos indigenistas y agrupaciones culturales que pretendían elogiar el encuentro de civilizaciones y coincidió, además, con el boom democratizador de América Latina. Por otra parte, el indianismo se torna más relevante relegando al indigenismo a una situación más sosegada en según qué escenarios políticos y nacionales se desarrollasen. Con la llegada de Evo Morales al poder, las reivindicaciones indianistas en el altiplano boliviano y de otras muchas partes de Abya-Yala adquirieron un nuevo impulso. No entraremos en estas cuestiones, pues sería incidir en un análisis que nos desviaría aún más de nuestra idea, pero estimábamos pertinente hacer estas breves acotaciones al respecto.

El minero – Jaime Medinacelli (Bolivia - 1982)
Fragmento

Sombríos días de socavón,
noches de tragedia;
desesperanza y desilusión
se sienten en mi alma.
[…]
¡Mas en la vida debo sufrir
tanta ingratitud!
¡Mi gran tragedia terminará
muy lejos de aquí!
[…]
Minero cani y llajtaimanta!
Minero jina causakuni!
Manaimaiphiska thuhuanchu
Suka thullaita sapeskairy

¡Soy minero de mi pueblo!
¡Cómo un minero vivo yo!
No tengo nada en lo absoluto,
solo el corazón que dejaré.

Minero manta llullaykunki!
Minero jina causakusa!
Jihuancachari causajpari
Wakharicuspa riscuscani.

¡Del minero te acordarás!
¡Como un minero viviré!
Te diré si sigo vivo,
que llorando me he ido."

[Anexo 13]

El minero, interpretado magistralmente por Savia Andina, se hizo conocido en gran parte del continente. Sin embargo, el contexto que envuelve va más allá de lo que meramente se puede intuir en la dureza de esta letra, pues narra la historia implícita en el Cerro "Rico" del Potosí y otros lugares similares, y se remonta a hace más de cuatrocientos años, aunque Medinaceli la compuso hacia los años 70 del siglo pasado. Es algo destacable toda vez que su razón de ser, a pesar de las centurias, no encuentra muchas diferencias en el tiempo al relatar lo que fue hace cuatrocientos años, lo que fue hace cuatro décadas y lo que es hoy día.

Tenemos la impresión que interpretar la realidad amerindia en Bolivia, su movilización social, reivindicativa, sus repertorios de acción colectiva, a partir de teorías que no superan el siglo de existencia, propugnadas por teóricos que no sufrieron en una mina o la explotación agraria, se puede antojar pervertido y obsceno con la historia que hay detrás, en tanto la música refleja el sentimiento de quienes sí que han vivido y viven o atestiguan directamente dicha situación. Ahora, no se entienda esta reflexión como una afrenta a la doctrina que se enseña en las aulas, sino como un atisbo a la necesidad de explorar otros aspectos de los hechos políticos que nos podrían ayudar a entender mejor el pensamiento de una sociedad, en un contexto político concreto.

Cuando el depuesto presidente boliviano hacía gala de sus raíces originarias al participar en eventos y encuentros diplomáticos, mediante diversas manifestaciones artísticas propias de las culturas anteriores a la conquista, consiguió aglutinar a nivel político todo un colectivo que, no por falta de número sino de identificación de un objetivo claro, no había podido acceder al poder. Podríamos inferir que la influencia cultural amerindia formaba parte importante en la trayectoria de

Morales, aunque de ninguna manera nos atreveríamos a afirmar que sin dichos componentes culturales ésta trayectoria se hubiese visto minimizada.

Observando la pieza con la que cerraremos este capítulo:

Tomas Katari - Gastón Guardia (Bolivia - 1988) Fragmento

El gran Qollasuyu fue luz
de hombres y pueblos del sol.
Leyendas y mitos que vuelven de ayer
¡Bronce el color, espíritu aymara su voz!

Los Andes te vieron nacer
¡Hermano, Katari Tomas!
Recuerdo tus días de luz y esplendor
¡Guerrero tenaz! Forjando tu liberación.
[…]
¿Dónde estás, hermano, dónde estás?
Hoy sigue tu lucha y razón,
tu historia forjada con sangre y valor
¡Guerrero sin voz! Runa Katari Tomas.

Ahora escucha mi voz
¡Unidos debemos luchar!
Se hace preciso volver a emprender
¡Mujer ve a buscar tu hombre y su libertad!
[…] [Anexo 14]

Esta pieza nos habla de aquella nación ancestral, del origen y del orgullo de formar parte de un hecho, pasado, tan relevante en las sociedades originarias de Abya Yala, en este caso Inca, que merece tener un espacio propio, cantado. Nos traslada a la reivindicación mediante la figura de aquel mesías, el guía ances -

tral que ha de volver para dirigir a la sociedad amerindia del altiplano. Políticamente, se puede intuir que muchas personas en la sociedad aimara han identificado a la figura de Tomas Katari en Morales, no es una certeza, ni aseguramos que sea así, empero ese matiz político y reivindicativo sin duda está presente en muchos de los actos que Morales llevó a cabo y una parte de la sociedad boliviana se siente realmente representada en ello.

En resumen

La manifestación testimonial de hechos políticos puede trascender a la intencionalidad de una composición, dejando atrás la motivación original de una pieza musical y dándole otra significación política o reivindicativa, como el caso de *La flor de retama* y el uso que se supone hizo Sendero luminoso en Perú de ésta pieza. Por otra parte, hemos visto que tras siglos de segregación los amerindios de Bolivia han visto como "uno de los suyos" llegó al poder e hizo un gran uso de la tradición cultural y musical existente, como medio de influencia en la política de su país, hasta entonces muy excluyente de dicha realidad ancestral.

La música andina o del altiplano tiene un elemento cultural muy fuerte, que roza casi el misticismo y que combinado con elementos testimoniales y reivindicativos la hacen políticamente incisiva. No es casualidad que muchos de sus exponentes, ya no solo en Perú o Bolivia, sean referentes de la mal llamada de *canción protesta* latinoamericana, sino que tengan un espacio propio, por ejemplo, en Europa y muchas otras partes del mundo, tales son los casos de Inti Illimani, Illapú o Quilapayún. En este espacio ya no tratábamos de incidir en la intencionalidad del o los compositores, sino de cómo se recuperan para la actualidad sociopolítica elementos culturales que adquieren nuevo significado o simbolismo, para bien o para mal, así como el uso que la sociedad o sectores sociales, movimientos o demás actores políticos y no el poder, como vimos en capítulos anteriores, pueden hacer de dichas manifestaciones.

IX

Imagen 8 - Carátula del álbum "*Homenaje*" del colombiano Julio César Barbosa, grabado y editado en Buenos Aires, en 1998. La imagen fue tomada de la fotografía original que Alberto Díaz hizo a Ernesto Guevara en Cuba en 1960

LA CANCIÓN ENTRE REGÍMENES ¿QUÉ FUE PRIMERO, LA PROTESTA O LA CANCIÓN?

Emiliano Zapata en México, Pepe Figueres en Costa Rica, Augusto César Sandino en Nicaragua, Ernesto Guevara en Cuba o Farabundo Martí en el Salvador tienen más en común que el lógico nexo político y revolucionario por el que pasaron a los anales de la historia latinoamericana y como ellos muchos otros que podríamos mencionar.

Existe otro nexo igual de cercano a la sociedad, de hecho a nosotros que no vivimos en sus épocas respectivas, ni en su ambiente o países: todos han pasado a formar parte del acervo latino como elementos del canto reivindicativo, revolucionario, testimonial, de protesta o vanguardia – cómo se le quiera llamar – de una parte de las sociedades en las que desarrollaron su actividad político-revolucionaria.

Estaba un día, en el verano del año 2001, con mi compañero y hermano de vida y cuerdas, Julio César Barbosa, tocando en Las Ramblas de Barcelona. Interpretábamos una canción del cantautor cubano Carlos Puebla, cuando un individuo cayó sobre nosotros a golpe tendido, mientras vociferaba y recriminaba

_ ¡Le cantás a un asesino! ¡Ese es un asesino! _

Como es de esperar reaccioné y la gente que nos rodeaba también. Mientras intentábamos disolver la escena, de reojo vi a una mujer que destrozaba a pisotones y taconazos nuestros discos, con una rabia incontenida, sin importarle siquiera la suerte que estaba corriendo su compañero a quién entre varias personas, estábamos amablemente "reprendiendo". Ese día perdimos unos cuatro o cinco discos, no lo recuerdo con exactitud. Nuestro amigo Eduardo perdió como tres botones de la camisa y mi guitarra no salió mejor parada. Además, me disloqué el hombro – siempre me pasaba con los movimientos forzados – pero quien salió peor parado fue "el Che", pues los discos con su figura impresa quedaron troceados justo por donde su rostro veía al horizonte en aquella "mítica" foto de Alberto Díaz.

La canción que interpretábamos era *Hasta siempre comandante*. Particularmente no era la primera vez que me encontraba con cierta hostilidad, pero nunca antes de tal intensidad. El tipo y su mujer se fueron con el rabo entre las piernas, nosotros obviamente intentamos continuar nuestra labor y el amor propio sanó con el tiempo. La suerte de aquella pareja de cubanos, quizás residentes en Miami, habrá pasado, o no, por asumir que su libertad acababa donde iniciaba la nuestra y con ello a otra cosa entonces.

Tomémonos la libertad de incluir este hecho, solo para ayudarnos a ilustrar lo que ha significado para bien o para mal el nuevo canto latinoamericano en la política de la región y viceversa.

Las revoluciones de la América Latina se han caracterizado por ese componente simbólico omnipresente, lo mismo que los regímenes dictatoriales orquestados desde fuera – no entraremos en fricciones en este aspecto – encontraron también en la canción testimonial, revolucionaria o de protesta su particular piedra en el zapato.

En este capítulo vamos a analizar dos regímenes relacionados a los hechos musicales que veremos, pero no haremos un ejercicio de interpretación de letras o de lo que quiso decir un compositor cuando escribió aquello o lo otro sino, cómo llegó a ese punto y cómo nosotros, o alguien próximo, de pronto encontramos afinidad en lo que un extraño expresó convirtiendo a partir de ese momento su letra nuestra, su lucha e intencionalidad política nuestras, de la misma manera que nos imbuimos de la canción romántica cuando nos duele el corazón o bien, todo lo contrario, es decir, cómo o cuánto puede llegar a molestarnos lo que ese extraño expresa.

No osaremos desglosar tampoco el abanico de exponentes de la canción comprometida que hay en Latinoamérica, necesitaríamos una enciclopedia. Miraremos hacia los dos casos más conocidos fuera del continente, junto a una pincelada a una tercera figura dada su importancia y relevancia en los acontecimientos políticos en que desarrolló su faceta musical.

Te recuerdo Víctor, cantabas a Amanda

Cuando Salvador Allende fue derrocado una de las premisas del nuevo régimen militar de Pinochet, en Chile, fue la de acabar con todo aquel movimiento artístico que iba en contra de la nueva institucionalidad. Víctor Jara, se explica, fue apresado y torturado junto a miles de personas en el estadio de Santiago y el simbolismo implícito en él, como músico y cantautor reivindicativo en contra de la desigualdad del pueblo era tal que, según se cuenta, le machacaron las manos con la culata de un fusil en tanto se le conminaba a que cantara y él cantó. Esto último puede ser o no cierto, pero sí fue una realidad vergonzosa para el régimen de Pinochet el que

> ““Víctor Jara había terminado sus días con cuarenta y cuatro balazos en el cuerpo, y Ángel Parra pasaba por centros de detención y tortura antes de partir a exiliarse a México. Eran novedades de las que debían enterarse a la distancia los otros nombres emblemáticos del género, pues de sus respectivas giras europeas Inti Illimani y

> Quilapayún simplemente no pudieron volver.", por lo que "La Nueva Canción Chilena había sido un movimiento artístico tan íntimamente asociado a la UP, que la Junta Militar consideró su extinción un asunto de primera necesidad.
> Las oficinas con el estudio de DICAP (Sello disquero de las JJ.CC. y catálogo para casi todo el movimiento), en la calle Sazié, fueron allanadas la misma semana del Golpe. Los militares buscaban armas, e incautaron, rompieron y/o quemaron cintas con música aún inédita, según recuerda Ricardo Valenzuela, entonces director general del sello, detenido horas después del bombardeo a La Moneda."""[73]

Víctor Jara no era militar, era músico, director de teatro, compositor y director musical de Quilapayún. Su afrenta, desde la perspectiva del régimen recién establecido, consistió en explicar desde la música una realidad en la que el campesino y el proletario podían verse identificados y alentados a no asumir como normal vivir de forma precaria, sin derechos o explotados por designios económicos ajenos, que solo beneficiaban a una burguesía servil ligada al Estado militar. Ya hemos apuntado en capítulos anteriores a que el poder no solo ha de afianzarse mediante la fuerza, es necesario un elemento cultural y puede que más por temor, odio y rechazo que por

[73] Artículo de Adriana Goñi, licenciada en antropología y arqueología por la Universidad de Chile. Fuente: https://comunicacionesantropologia.wordpress.com/2015/08/09/las-consecuencias-culturales-de-la-dictadura-chilena-musica-para-un-dictador/

raciocinio, Pinochet y quienes estaban a su lado entendían que aquellos elementos musicales eran peligrosos, elevándolos a manifestaciones con una raíz claramente política, cuando muy posiblemente muchas de éstas en su origen eran más testimoniales que cualquier otra cosa.

Según señala Bowen Silva,

> "La década de los 60 se destacó en el mundo por su alto grado de agitación social y política. En Chile, esto era signo inequívoco de la clausura del modelo de sociedad hasta entonces imperante: el Estado del Compromiso, con su estrategia desarrollista de sustitución de importaciones, entraba en su crisis terminal. [...] la sociedad comenzó a estructurarse en torno a tres proyectos [...] el de la derecha (tecnocrático y liberal en lo económico), el de la Democracia cristiana (la revolución en libertad que declaraba aspirar a instaurar el comunitarismo en Chile) y el de la izquierda (la búsqueda del reemplazo total del capitalismo por el socialismo)." (Bowen Silva, 2008, pág. 2)

Con estos cambios se generan nuevas tendencias socioculturales, lo que conduce a que "*en las manifestaciones artísticas se desarrolla una conciencia crítica marcada fuertemente por la denuncia de la alienación, la represión y la explotación a que eran sometidas las clases populares*"[74]

---

[74] Ibidem p.2

Vistos estos breves apuntes, es lógico pensar que el régimen de Pinochet temiese a todo lo que culturalmente pudiese quedar del anterior régimen democrático, máxime si consideramos que

> "el Programa de Gobierno de la Unidad Popular expresaba que "con el proceso social que se abre con el triunfo del pueblo, se irá conformando una nueva cultura", entre cuyos principales aspectos se encontraría el de crear "una visión crítica de la realidad" [...]"(Bowen Silva, 2008, pág. 4),

y al ser un proyecto con marcada tendencia social o proletaria, "*nacía en la izquierda, de la impresión de que el sistema capitalista permeaba las representaciones sociales de manera subrepticia, depositando en el hombre una ideología destinada a escamotear las contradicciones de clase y sostener el status quo.*"[75]

Jara padeció y hubo de morir para que ahora nosotros, politólogos o no, músicos o no, reparemos en su vinculación política, ya no como persona sino como músico, como artista. Sus compañeros de Quilapayún, de no haber estado de gira en Francia en el momento del golpe militar, seguramente habrían corrido la misma suerte. Obviamente esta es una cuestión que va más allá de la censura, hablamos de represión en toda regla,

[75] Ibidem.

pero ya no solo de lo que fue la persona, sino de lo que representaba a nivel político y cultural como artista y de lo que representaría para quién fuese susceptible de escucharle o para quién ya se sintiese identificado en sus letras, canciones u obras que dirigió.
El régimen temía la herencia del adoctrinamiento del periodo Allende, pues por mucho o poco que guste, lo que hacía el gobierno de Unidad Popular no dejaba de ser adoctrinamiento, de otro cariz, en otro sentido, distinto por ejemplo al del franquismo en España, pero al final propaganda que propugnaba una manera diferente de pensar.

Igual que apuntáramos con el franquismo, no estamos aquí para criticar o aplaudir los aciertos o desaciertos del gobierno de Allende, insistimos que estas son cuestiones para otro tipo de análisis. Buscamos establecer unos antecedentes teóricos que nos ayuden a entender el porqué de la música chilena de este periodo y el cambio orquestado con la llegada del nuevo régimen. Siguiendo con esta idea, Laura Jordán nos dice:

> "aparece un documento elocuente, la Política Cultural del Gobierno de Chile, de 1975. Ésta declara que "el arte no podrá estar más comprometido con ideologías políticas", al tiempo que se propone definir el "deber ser" nacional, confiriendo a la cultura la misión de crear "anticuerpos" contra el marxismo para "extirpar de raíz y para siempre los focos de infección que

> se desarrollaron y puedan desarrollarse sobre el cuerpo moral de nuestra patria" (Jordan, 2009, pág. 80)

Antes de Allende, ciertos agentes externos tenían claros intereses en el país andino, pero no queremos entrar en un análisis del sistema político chileno durante la época de Eduardo Frei y predecesores, sino entrever que la situación del campo, la mina y el proletariado chileno distaba mucho de ser lo suficientemente justa o estable como para obstar a Jara de hacerse eco del sufrimiento del que era testigo. Jara y compañía, con el auspicio del gobierno de Allende, refuerzan la voz del minero, el obrero y el campesino de una manera más clara, con más potencia y convicción. Esto va en contra de ciertas visiones políticas más afines a los intereses de mercado y del capital. Por otra parte, probablemente y de haber seguido con vida, Violeta Parra hubiese corrido una suerte similar o peor con la caída de Allende, pues al igual que Jara ella no fue indiferente a las necesidades del pueblo, para lo que volvemos a Bowen Silva, señalando que

> "se desarrolla una consciencia crítica marcada por la denuncia, [...]. Aquí juega un papel clave Violeta Parra, cuya denuncia social y política significó una reinterpretación evidente de los modos de uso del folklore, aunando así de manera categórica la defensa de la música considerada propiamente nacional con el compromiso político de izquierda." (Bowen Silva, 2008, pág. 2)

En este punto será mejor dejar de hacer elucubraciones y ceñirnos a lo que conocemos, y denotar que efectivamente la nueva canción chilena representaba el pensamiento político, si bien, no de la totalidad del pueblo chileno, sí de una parte importante de este y que, en contra de los deseos del régimen, trascendió de sus fronteras.

Ambos cantautores se tomaron seriamente su tarea de divulgación, aunque de momento solo nos hemos centrado en Jara, no por una cuestión de preferencias, sino por la dureza de las acciones tomadas en su contra, podríamos decir, sencillamente por cantar.

Plegaria del labrador – Víctor Jara (Chile)

Fragmento

Levántate y mira la montaña,
de donde viene el viento, el sol y el agua.
Tú que manejas el curso de los ríos,
tú que sembraste el vuelo de tu alma.

Levántate y mírate las manos,
para crecer, estréchala a tu hermano.
Juntos iremos unidos en la sangre,
hoy es el tiempo que puede ser mañana.

Líbranos de aquel que nos domina en la miseria,
tráenos tu reino de justicia e igualdad.
Sopla como el viento la flor de la quebrada,
limpia como el fuego el cañón de mi fusil.

[…] [Anexo 15]

Podemos extraer una primera interpretación de este poema de Jara, y es la idea de que las mismas manos que sirven para cultivar y cosechar han de servir para defender y luchar por el derecho a hacer producir la tierra, recurriendo a la idea de libertad como un ente superior y creador. Puede ser también – dicho ente – una visión cósmica de una deidad proletaria dispuesta a guiar la lucha contra todo aquello con conlleve desigualdad u opresión ¿Es un texto político?

Si fuésemos ajenos al contexto social del Chile en el que Jara compuso esta canción, podríamos pensar al escucharla que es una reivindicación de la justicia social de cualquier lugar, cuyo contexto no tiene porqué necesariamente ser de izquierdas o derechas, máxime si, por ejemplo, cambiamos la idea de dominio, igualdad, justicia o fusil, por elementos más ligeros como sumirse en lugar de dominio, alegría por justicia, etc. Este ejercicio es forzado, de hecho lo es conscientemente, pero es solo una manera de ver cómo un texto puede cambiar de sentido si se ignora su posible motivación y se modifica, además, la idea o ideas que pueda contener.

Su relación con el hecho político y social desaparecería por completo convirtiéndose, si se pretendiera en un canto para la misa dominical "*líbranos del mal que nos sume en el pecado*" etc., etc., algo parecido a lo que sucedió con el ya clásico de Bob Dylan

Blowing in the wind, que es hit imprescindible de las misas del domingo en muchas partes, claro que su letra original brilla por su ausencia, no precisamente por falta de dominio del inglés. La comunidad cristiana hispanohablante la ha reinterpretado, ha hecho de una canción cuasi filosófica, una reinterpretación propia, dotándola de un sentido ahora claramente religioso.

Un cubano ¿Un régimen con guitarra?

En el caso de Cuba, brotó una nueva corriente de música que al contrario que en Chile, contaba con el respaldo del régimen. La nueva trova cubana adquiere presencia y deviene en uno de los hitos culturales y políticos de los años 60, 70 y 80, llegando a extenderse por el resto del continente con tal rapidez que algunos regímenes como el argentino – previo a la democratización – apenas tuvieron tiempo de reacción. Argentina era otra fuente de producción inagotable de canción y música testimonial o reivindicativa del acervo político del pueblo y comenzó a incorporar estas manifestaciones a las de sus propios exponentes.

Soledad Bravo en Venezuela, Mercedes Sosa en Argentina, Tito Fernández en Chile, Zitarrosa en Uruguay, Hermosa en Bolivia,

De Moraes o Buarque en Brasil de pronto resultan incómodos de escuchar para ciertos sectores de sus respectivos regímenes, siendo ello la prueba fehaciente de la influencia y el poder que tienen el arte, la cultura o la música en el proceder político social. Para hablar de uno de estos exponentes de la Nueva Trova y la canción latinoamericana, tan querido como odiado, pensaremos en aquello de

"ojalá las paredes no retengan
tu ruido de camino cansado,
ojalá que el deseo se vaya tras de ti.
A tu viejo gobierno de difuntos y flores" [76]

Lo hacemos pues, sin pretenderlo, estos versos han generado toda clase de interpretaciones, llegando incluso a decirse que hacen alusión a Pinochet, cuando esta canción la compuso el cubano Silvio Rodríguez en 1969, cuatro años antes del golpe militar en Chile. De hecho, desde la disidencia cubana se ha intentado dar vuelta al sentido de esta canción con el objetivo, entre otros, de debilitar la figura de Rodríguez y su defensa de la revolución, así, como recoge Joseba Sanz:

> "Al día siguiente otro disidente cubano, Armando Valladares, publicaría en ABC unas líneas tergiversando grotescamente la realidad sobre Silvio y sus canciones. Afirmaba que Ojalá

[76] Fragmento de Ojalá de Silvio Rodríguez, compuesta en 1969.

> estaba dedicada a Fidel como expresión de rechazo ante su persona y su política. Valladares no llegaba a captar el contenido amoroso de esta canción y sostenía que Silvio había alegado ante el Gobierno cubano que la canción estaba dedicada al Presidente norteamericano Nixon y no a Fidel" (Sanz, 2006, p. 275)

Al margen del contexto, amoroso o no, de revolución cubana o no, en el que Rodríguez escribió esta canción, tanto de quienes lo admiran como de quienes lo odian, las interpretaciones que se han dado a este texto se han tornado claramente políticas y hoy difícilmente se puede interpretar esta pieza sin que alguien alrededor la tararee o cante o, más allá aún, la relacione con Pinochet, Castro, la democracia mexicana o hasta con el mismo Ernesto Guevara, en tanto su autor siempre ha sostenido que es una canción que dedicó a un romance frustrado. Dejando de lado esta canción, es posible intuir la identificación política que en muchos países tiene la figura de Silvio Rodríguez, pero más que él, su música.

Rodríguez creció durante las postrimerías del régimen de Batista y su juventud se movió entre el cambio. Dejando al margen si un régimen u otro era mejor o es mejor para el pueblo cubano – insistimos, no analizamos el sistema político de la isla antes o después de la revolución, sino el entorno político y social –, fue un ambiente que llevó a jóvenes como Rodríguez, Milanés, Feliú o Nicola a componer de una manera distinta a la acostumbrada hasta entonces muy tradicional y arraigada al acervo del pueblo cubano, en el que la política poco podía influir en la música – recordad que venimos de una dictadura de facto –, sin asegurar de manera alguna que no existiesen temas o canciones de dicho talante.

Esta evolución[77] de la música o, mejor dicho, de la manera de componer es lo que se denominó como la nueva escuela cubana, es decir, el paso de la vieja a la nueva trova cubana.

"Esta es la nueva escuela,
esta es la nueva casa:
casa y escuela nuevas
como cuna de nueva raza.
[...]
Estos, que continuamos
bajo la sombra más que aguerrida
de aquella semilla,
vemos en estos muros
un preludio del futuro
que los sueños de los años duros
salvaron ayer."
Fragmento de la Nueva escuela de Silvio Rodríguez

[77] No se mal entienda la aseveración anterior ni la idea de evolución, cabe recordar que hablamos de la música del periodo inmediatamente previo a la revolución cubana, es decir, durante el gobierno de Batista. Afirmar que no existía imbricación entre política y música en Cuba antes de la revolución no es para nada cierto, basta con pensar en Nicolás Guillén (Camagüey, 10 de julio de 1902 - La Habana, 16 de julio de 1989) y la musicalidad de sus versos, o en la música que se heredó tras la independencia de España. Véanse pues como hechos que se analizan a partir de la entrada en escena de Rodríguez y en el contexto político que le define posteriormente.

El nuevo régimen cubano no se sintió incómodo con estas nuevas manifestaciones musicales, al contrario, más bien dio alas – por decirlo de forma sencilla – al desarrollo de esta faceta artística.

En todo caso haremos un paréntesis: hemos mencionado que la politización en la música del periodo inmediatamente anterior a la caída de Batista no estaba del todo presente, esto no quita que el sentimiento nacionalista sí formase parte de las manifestaciones musicales de entonces, no solo en Cuba, sino en toda Latinoamérica, así,

> "Los casos de Cuba y Brasil son también significativos, puesto que los discursos nacionalistas modernos de estos países se construyeron sobre una base fundamental: la cultura negra marginal urbana. [...] En Cuba, es también la cultura negra la que captura la imaginación como símbolo identitario tanto dentro como fuera de la isla. La transformación del danzón en el mambo y el chachachá, y la presencia del son cubano como bailes de exportación en un contexto de intercambio cultural con México y los Estados Unidos fueron fundamentales en la concepción de ese imaginario nacional. Este interés por la cultura africana, que se oficializó con el triunfo de la Revolución de 1959 y su apoyo a la rumba como música nacional, tiene su origen en el trabajo de uno de los intelectuales más importantes nacidos en Cuba, Fernando Ortiz." (Recasens Barberà, 2010, pág. 232)

Retomando el hilo anterior, lo que ni Rodríguez y compañía

imaginaban en un primer momento, fue que su música también tendría el alcance y el calado que tuvieron en el resto del continente los ritmos antes mencionados por Madrid, sobre todo Rodríguez, quien poco a poco evolucionó y su música se definió a través de su poesía, donde la ambigüedad que hemos visto en Ojalá compartía espacio con composiciones más definibles, aunque no dejó de lado ese estilo que muchas veces da rienda suelta a la interpretación subjetiva.

"Del amor estamos hablando,
por amor estamos haciendo,
por amor se está hasta matando
para, por amor, seguir trabajando.

Que nadie interrumpa el rito,
queremos amar en paz
para decir en un grito
¡Cuba va, Cuba va!"

Fragmento de ¡Cuba va! Silvio Rodríguez

La juventud de estos cantautores está rodeada de hechos políticos, el primero y más destacable el triunfo de la revolución en 1959, que hasta entonces no era más que un movimiento (Movimiento 26 de Julio); luego, las tensiones entre potencias hegemónicas EUA – URSS, pues es de recibo caer en la cuenta que estamos en el apogeo de la Guerra Fría y dentro de esta, en 1964, la crisis de los misiles y la amenaza de una escalada que podría haber llevado a la humanidad al primer conflicto nuclear de la historia con Cuba en el centro del escenario. Dicho escenario acrecentará el sentimiento social y político presente en sus composiciones. Si a lo anterior sumamos un continente inestable desde hace décadas, el debate respecto a alineación o no alineación de la isla o, en 1967 la muerte – para muchos, asesinato – del Che en la localidad de la Higuera en Bolivia a manos del ejército boliviano comandado por rangers entrenados por los EE.UU., podemos hacernos una idea o al menos intuir, por qué la producción musical de Rodríguez se vio tan influenciada por estímulos políticos internos y externos. Antes que músico y compositor es un ser humano, con sentimientos, impresiones y una visión propia del entorno en el que vive y desarrolla su trabajo.

Rodríguez es indefectiblemente identificado con la izquierda, sigue produciendo y expresando su visión del mundo, incluso de entender la política, a través de sus canciones. Es difícil intentar contextualizarlo únicamente mediante la influencia que el régimen cubano pueda ejercer sobre su obra, pues el abanico de sus composiciones es tan amplio y disperso en temáticas, que trasciende de las fronteras que pueden existir entre lo social, político, personal o romántico, sin depreciar con ello la calidad de su trabajo. Quizás en sus primeros años, con canciones como *Cuba va*, *Canción del elegido* o *Playa Girón* se le podría enmarcar en un canto revolucionario cubano o representativo del movimiento 26 de julio, o del castrismo.

Podríamos aportar fuentes bibliográficas que nos expliquen con lujo de detalle la revolución cubana e intentar contextualizar cada canción de Rodríguez, sí o sí, dentro de este hecho político. Aun así, no podríamos explicar por qué Silvio Rodríguez, un compositor no comercial que nunca ha ganado premios Grammy o similares llena estadios en Chile o Ecuador, o salas de conciertos en Madrid o Zürich.

Imagen 9 - Silvio Rodríguez en Chile, 1990. Fotografía de Ernesto Fernández - Extractos transmisión televisiva, TVN, 1990

Joseba Sanz, autor de *Memoria trovada de una revolución*, necesitó todo un libro solo para explicar la relación entre Silvio Rodríguez y la revolución cubana un libro, por cierto, muy político a pesar de que Sanz intenta ser objetivo y hablar más sobre la persona y su música. Cuánto necesitaríamos entonces para explicar la relación entre música y política en la obra de Rodríguez si la extrapolásemos su alcance actual.

Creemos que la canción en harapos es un ejemplo del porqué trasciende fronteras y es fácil identificarse en ella.

Canción en harapos - Silvio Rodríguez (Cuba - 1970)
Fragmento

Qué fácil es agitar un pañuelo
a la tropa solar del manifiesto marxista
y la historia del hambre;
qué fácil es suspirar ante el gesto
del hombre que cumple un deber,
y regalarle ropitas a la pobrecita hija del chofer.
[...]
Que fácil de apuntalar sale la vieja moral,
que se disfraza de barricada
de los que nunca tuvieron nada
[...]
¡Viva el harapo, señor,
y la mesa sin mantel!
¡Viva el que huela a callejuela
a palabrota y taller!

Desde una mesa repleta
cualquiera decide aplaudir,
la caravana en harapos de todos los pobres.

Desde un mantel importado
y un vino añejado
se lucha muy bien;
desde una casa gigante
y un auto elegante
se sufre también.

[...]
Qué fácil es protestar
por la bomba que cayó,
a mil kilómetros del ropero
y del refrigerador.
[...]

[Anexo 16]

Esta parte del capítulo ha sido quizá la más personalista y sentimental de los escritos en este ensayo y a nivel científico, se podría inferir, no aporta nueva información o que dicha cuestión puede resultar irrelevante para el estudio de las Ciencias Políticas, pero, de la misma manera en que en nuestra disciplina se analizan los clivajes culturales (religión, idioma, etnia, etc.) muchas veces indagando en el sentimiento político de las personas (*voto al PSOE porque lo hacía mi abuela, mi madre, etc.* o, *si Cataluña se separa de España es como si me arrancasen un brazo*[78]) es como se puede llegar a entender el componente político inmerso en cualquier manifestación artística, o que esta manifestación artística no necesariamente ha de ser representativa de un gusto musical propio, por ejemplo, no soy afín a las ideologías que defiende el Partido Popular español, o la derecha o el neoliberalismo en general, sin embargo el himno de este partido me encanta, es muy llamativo musicalmente hablando.

[78] Esta última en alusión, no literal, a ciertas frases que algunos políticos españoles han dicho en referencia a la posibilidad de que la CCAA de Catalunya se separe del estado español.

La música como cualquier arte refleja el sentimiento, incluido el sentimiento político, y la razón para ello recae en que son los contextos políticos los que pueden influir en ciertos tipos de música, dando de sí ya no solo una imbricación con el hecho político, sino que se relaciona muy estrechamente con la manera en la que un mensaje político puede llegar a la sociedad y esto es algo de lo cual los regímenes han tomado ávida nota.

El himno del Partido Popular español no tiene letra, es una melodía sencilla que bien podríamos llevar a Japón y presentarla como la banda sonora de un anime de robots, con lo que no es político todo lo que suena, incluso aquello pensado intencionalmente como parte de un aparato político o lo contrario recordando a Beethoven.

Así, los contextos políticos que rodean la figura de Rodríguez están presentes ahora mismo, son tan cercanos en el tiempo y evidentes que nos dan la libertad de mirar un poco más su influencia en un contexto más personal, no así con Jara y la diferencia con el citado himno del Partido Popular español o cualquier obra similar, radica en que hay una letra escrita con intencionalidad claramente definible en tanto la melodía compuesta para el PP da para mucho recorrido si la alejamos de su sino político.

Gracias vida por Violeta

Cerraremos nuestra selección en este capítulo con Violeta Parra. Creemos que de haber estado viva en el momento del golpe militar en Chile, la pieza que transcribiremos más abajo posiblemente le habría costado la vida. El contexto en el que Parra desarrolló sus facetas artísticas, muy diversas, fue el mismo en el que vivió Víctor Jara y si atendemos de nuevo a lo que apuntaba Jordán en referencia a la política represiva del régimen de Pinochet, entenderemos porqué creemos que hubiese compartido suerte con el cantautor:

> "A partir de un declarado rechazo a las manifestaciones que representaban una amenaza al patrimonio e "identidad nacional", en el que la cultura corporizó una arista visible del "enemigo interno", la reacción contra aquello que recordaba la cultura militante pre golpe, confluyó en la implementación de un arduo artefacto represivo que procuró enfrentar a su adversario en sus múltiples dimensiones. No sólo se arremete contra los cuerpos, "[s]e combate al otro en sus símbolos, su memoria, sus tradiciones, sus ideas." (Jordan, 2009, pág. 80),

dejando de manifiesto que la política del régimen era de tolerancia cero, y de cueste lo que cueste,

> "En cuanto a la esfera musical, [...] el Gobierno militar emprendió una serie de acciones con el fin de impedir la

creación, circulación y ejecución de ciertas músicas, ya sea mediante la prohibición o la desincentivación de su ejercicio. Así [...] expone en una buena parte de los escritos historiográficos abocados a la música de la época.”[79] [80],

lo anterior nos da claridad del por qué no cabe interpretación para este texto de Parra, único en este trabajo que transcribiremos completo:

Mazúrquica Modérnica - Violeta Parra (Chile - 1966)	Mazurca Moderna
Me han preguntádico varias persónicas	Me han preguntado varias personas
si peligrósicas para las másicas,	si peligrosas para las masas,
son las canciónicas agitadóricas.	son las canciones agitadoras.
¡Ay! ¡Qué pregúntica más infantílica!	¡Ay! ¡Qué pregunta más infantil!
Sólo un piñúflico la formulárica	_Sólo un piñufle la formularía_
pa'mis adéntricos yo comentárica.	para mis adentros yo comentaba.
Le he contestádico yo al preguntónico:	Le he contestado al preguntón:
_Cuando la guática pide comídica,	_Cuándo la guata pide comida,
pone al cristiánico firme y guerrérico,	pone al cristiano firme y guerrero,
por sus poróticos y sus cebóllicas.	por sus porotos y sus cebollas.
No hay regimiéntico que los deténguica	No hay regimiento que los detenga,
si tienen hámbrica los populáricos_	si tienen hambre los populares_
Preguntadónicos partidirísticos	Preguntones partidistas
disimuládicos y muy malúlicos	disimulados y muy malucos,
son peligrósicos más que los vérsicos,	son peligrosos, más que los versos,

[79] Ibidem

[80] Mi padre me explicaba que oyó la voz de Violeta Parra por primera vez en una zona próxima a Estelí, en Nicaragua, cuando uno de sus compañeros del FSLN llevó un casete con música diversa. Entre las canciones que escuchó, llamó su atención aquella “Mazurquica modernica” que años después me acabaría llamando la atención ¿Por qué? Puede que por la misma razón que impide trascribir solo un fragmento de esta canción, se explica por sí misma.

más que las huélguicas y los desfílicos.

Bajito cuérdica firman papélicos,
lavan sus mánicos como Piláticos.

Caballeríticos almidonádicos,
almibarádicos, minimini minimini...
le echan carbónico al inocéntico
arrellenádicos en los sillónicos.

Cuentan los muérticos de los encuéntricos
como frivólicos y bataclánicos.

Varias matáncicas tiene la histórica
en sus pagínicas bien imprentádicas.
Para montárlicas no hicieron fáltica
las refalósicas revoluciónicas.

El juraméntico jamás cumplídico
es el causántico del desconténtico.

Ni los obréricos,
ni los paquíticos
tienen la cúlpita, señor fiscálico.

Lo que yo cántico es una respuéstica
a una pregúntica de unos graciósicos,
y más no cántico porque no quiérico;
tengo flojérica en los zapáticos,
en los cabéllicos, en el vestídico,
en los riñónicos y en el corpíñico

más que las huelgas y los desfiles.

Bajo cuerda firman papeles,
lavan sus manos como Pilatos.

Caballeros almidonados,
almibarados, minimini minimini…
le echan carbón al inocente
arrellanados en los sillones.

Cuentan los muertos de los encuentros
como frívolos bataclanes.

Varias matanzas tiene la historia
en sus páginas bien imprentadas.
Para montarlas no hicieron falta
las refalosas revolucionarias.

El juramento jamás cumplido
es el causante del descontento.

Ni los obreros,
ni los pacos
tienen la culpa señor fiscal.

Lo que yo canto es una respuesta
a una pregunta de unos graciosos,
y más no canto porque no quiero;
tengo flojera en los zapatos,
en los cabellos, en el vestido,
en los riñones y en el corpiño.

[Anexo 17]

En resumen

Este capítulo exploró la visión de dos cantautores, uno ya desaparecido en trágicas circunstancias y el otro en activo, en dos regímenes distintos que sin embargo han influido grandemente en el acervo político y musical de una parte importante del continente americano, pues ni siquiera los EE.UU. escapan de la impronta de estas músicas en su territorio, dada la presencia hispanohablante.

Jara buscaba dar voz al desfavorecido y difundir su cultura; Rodríguez, por su parte, expresa su sentimiento y su forma de ver el mundo; ambos, buscan la manera de transmitir una idea, un sentimiento, una noción de aquello que les rodeaba y les inquietaba – en el caso de Silvio, en presente – pensando en la mejor manera de hacerlo.

El oyente se identifica o se ve aludido, para bien o para mal, con estas manifestaciones en voz de alguien que les brinda la posibilidad de hacer suyo un pensamiento político o politizar un pensamiento ajeno pues, al igual que sucediera con *Els Segadors* o *La Marseillaise*, ya no hay autores o compositores todos son intérpretes y coautores según sus propias realidades.

Los regímenes pueden ver amenazada su hegemonía desde la falta de control de los medios de producción y difusión, básicamente por la facilidad que tiene la música de llegar a cualquier espacio contando, como primer elemento de difusión, con la tradición oral, no hace falta mucho más. De ahí la importancia ya no de controlar los medios de difusión, sino de contener de cualquier manera los medios de producción de ideas inmersas en la cultura, como fue el caso chileno.

Los regímenes también pueden verse beneficiados por la producción musical, lo mismo que de la difusión de las ideas que se crean en su seno. De ahí que en Cuba el movimiento de la nueva trova encontrase cabida, básicamente por la filiación política, que no deja de ser una cuestión sentimental de los cantautores y músicos de la isla, Rodríguez, de entre estos, su mayor exponente.

Recordemos que ya adelantábamos en el primer capítulo la idea de la relación bidireccional que existe entre música y política y de cómo ésta relación bidireccional, fluye desde el estado hacia la sociedad y viceversa, afectando de ambas maneras al hecho político o al hecho musical, orquestándose pues desde el sentimiento político. Esta vez hemos querido ver cómo afecta al contexto político de apoyo o rechazo desde un régimen a la actividad creativa, al pensamiento o a la vida del compositor. Incluso como la idea política se traduce en idea musical, caso del himno del Partido Popular, denotando que la ausencia de letra o cambiando la idea expresada en una letra, como en la *Plegaria del labrador* puede alejarnos de dicha intencionalidad si somos ajenos al contexto en el que se produjo la obra.

X

Imagen 10 – Portada del disco "Viva Chile de la banda Inti-Illimani. Versión enditada bajo el sello "I Dischi Dello Zodiaco" para Italia en 1973, mismo año de la instauración de la dictadura militar en Chile.

NEOCOLONIALISMO Y MERCADO EN EL QUEHACER MUSICAL

En tiempos de los romanos la plebe era "distraída" de sus agobios y mala vida mediante el entretenimiento bárbaro gestado en los coliseos. Hoy en día se mantiene a raya cualquier indicio de inquietud social, política, intelectual, que pueda suponer un debilitamiento del status quo mediante técnicas comerciales enfocadas a producir masivamente productos de radio, cine y televisión o eventos de magnitud tal, que abstraigan de una realidad, ya de por sí agobiante, a la sociedad. De ésta manera, cualquier manifestación artística que promueva un cambio de paradigma se ve neutralizada ya desde su inicio, abocando hacia una realidad que, en nuestro caso, podemos resumir en la típica distinción entre "música comercial o no comercial".

No son pocos los ejemplos de músicos "comprometidos" que pronto ceden a la mercadotecnia musical – Lex Mercatoria moderna – en palabras de Campderrich. Creemos que este análisis estaría incompleto si no miramos elementos que actualmente intentan desviar la atención de la persona de a pie hacia objetivos más banales y menos peligrosos que puedan mantener a raya ciertas inquietudes.

Asistimos así a la categorización entre aquello que es bueno comercialmente y lo que no lo es, de manera que músicos, compositores y cantautores como Cesária Évora, Silvio Rodríguez, León Gieco o el mismo Lluís Llach son reducidos a un cliché al que accedes si eres diferente, no estás actualizado o te interesa dar problemas. La realidad que se nos vende es otra y la verdad es universal y según el pensamiento de muchos, la música y la política no son compatibles entre sí.

Jordi Solé, volviendo una vez más a Gramsci, nos dice que "*toda revolución ha sido precedida por un intenso trabajo de crítica, de penetración cultural, de permeación de ideas*" (Solé, 2012, pág. 23), y siendo insistentes con Gramsci, para haber escrito sus cuadernos desde la cárcel, la claridad de su pensamiento no deja espacio a tergiversaciones, y nos da a entender que la cultura es un factor de importancia capital en todo intento de dominio social, razón por la que tanto Solé como Noguera, y ahora nosotros, acudimos al mismo pensamiento, máxime si tomamos en cuenta que

> "cuando una clase social o alianza de clases consigue el control a la vez, de los medios de producción (infraestructura económica) y el control de la dirección ideológica de la sociedad (superestructura político-ideológica), Gramsci dice que esa clase crea un Bloque Histórico: "la estructura y las superestructuras forman un bloque histórico, o sea, que el conjunto complejo, contradictorio y discorde de las superestructuras es el reflejo de las relaciones sociales de

> producción", y por tanto es hegemónica, como dice M.A. Macciocchi: "estos dos conceptos -hegemonía y bloque histórico- son inseparables puesto que, según Gramsci, es en el interior de un bloque histórico donde se realiza una hegemonía determinada" (Noguera Fdez., 2011, pág. 11)

Quienes pretenden tener el control puede que lo logren mediante el manejo de los medios de producción, pero incluso a estos les es imposible acceder al bloqueo de todas aquellas manifestaciones que vayan en contra del status quo[81], por lo que siempre acaban llegando a nosotros manifestaciones artísticas que destilan otra perspectiva de la realidad. Empero el trabajo que implica siempre se verá dificultado por los medios de producción, en este caso audiovisual, cosa que conduce a que todo aquello que no responda al canon establecido sea encajonado en archivo de lo alternativo, vernáculo, protesta o basura.

Antes dijimos que Silvio Rodríguez destacó en Cuba por su faceta poética, también por su defensa de la revolución y al margen de los sentimientos que su figura pueda causar entre los cubanos – seguidores y detractores –, no se puede negar que su "canción política" ha resultado un revulsivo para muchos otros

[81] Recordemos que el régimen de Pinochet acabó dando permiso para el concierto de Rodríguez en Chile en 1990, y que fueron miles quienes llenaron el estadio, ello teniendo en cuenta el control que, sobre este tipo de manifestaciones musicales, existía en el país andino.

habitantes de Latinoamérica y Europa. Su influencia política es evidente e intentar ocultarlo es de necios, dado que incluso existen canciones en contra de sus canciones lo que justifica que su huella en el ámbito sociopolítico es evidente. Por otra parte resulta interesante que ha conseguido "evadir" las presiones de un mercado que busca solo ciertos productos rentables, granjeándose al margen de lo comercial un público importante, que consume su producto fuera de los grandes sellos discográficos.

Visto lo anterior, la historia nos ha dejado manifestaciones de diversa índole, precedidas por variopintos escenarios políticos o poscoloniales que resultan en textos y cantos reivindicativos de una verdad hasta entonces oculta al ojo del resto del mundo. El mercantilismo no es un invento reciente, eso lo sabemos. También sabemos que privatiza el mercado o al menos su intención – al amparo de la denominada Lex Mercatoria – es la de regular un sistema desde el ámbito privado y, a primera vista, se podría intuir que poco o nada tiene que ver con el tema que hemos desarrollado en este trabajo. Pero si apuramos un poco más, veremos que bajo todo este compendio de regulaciones está aquella que transpone la idea de la propiedad intelectual o concepto del Copyright, dando de lleno con la música.

Para muchos es un negocio, en tanto los hay que intentan legítimamente ganarse la vida con lo que producen, pero abusando o permitiendo que otros abusen de la realidad. Es un tema escabroso y duro de tratar sin herir sensibilidades, pues – ahora hablemos como músicos – ganarse la vida desde la canción no es fácil, menos si lo que haces no tiene un sentido o potencial comercial de distracción o entretenimiento.

Subir a un escenario a cantar tus canciones y que una sociedad de autores te quiera cobrar por lo que tú mismo has escrito llega a ser, más que frustrante, humillante y te quita las ganas de seguir adelante. Pero, si somos capaces – ahora como politólogos – de ver qué hay detrás de estos comportamientos, quizás percibamos que es más fácil favorecer aquellas manifestaciones artísticas que venden tanto, que se aseguran beneficios para ambos interesados.

Quien escuche cierto atisbo de reivindicación en un escenario y se sienta atraído es en potencia un cliente comercial menos y un portador potencial de un virus que se puede transmitir mediante una melodía diferente, gratuita o excluyente. Es algo que desafortunadamente vemos en todos los ambientes sociales, políticos y culturales y no es flor de un día. Si bien hace siglos se luchaba contra el antiguo régimen y luego contra el colonialismo, ahora la lucha social, cultural y política es contra los mercados y contra esos estratos sociales que viven de estos y otros negocios, apartados de la realidad de quienes viven en el "tercer mundo". La música, como podemos observar, no escapa a este escenario. Menos mal que hay músicos Copyleft[82], entre los cuales nos podríamos incluir.

La tristeza, herencia de la esclavitud colonial hecha canción

En África la reivindicación cada vez ha ido dando más de sí. Pero lo que llega al público occidental es de un "corte" sobre todo étnico que se puede vender, que resulta exótico y colorido dado que, sin querer ni poder asegurarlo, el mercado es lo que interesa, incluso con la música, de manera que mantener ciertos

82 "*Copyleft es el término que se utiliza en el ámbito informático (y se aplica de manera análoga a la creación literaria y artística) para designar el tipo de protección jurídica que confieren determinadas licencias que garantizan el derecho de cualquier usuario a utilizar, modificar y redistribuir un programa o sus derivados, siempre que se mantengan estas mismas condiciones de utilización y difusión.*
Esta palabra comenzó a utilizarse en los años setenta por oposición a copyright para señalar la libertad de difusión de determinados programas informáticos que les otorgaban sus creadores. Unos años más tarde se convirtió en un concepto clave del denominado software libre, que Richard Stallman plasmó en 1984 en la General Public License (GPL, «licencia pública general») de su proyecto GNU («ñu»; estas siglas corresponden a Gnu's Not Unix). El objetivo principal de esta licencia es impedir que el material que se acoge a ella pueda quedar jurídicamente sujeto a derechos de autor (copyright). El término nació como deformación humorística de copyright, jugando con el significado de right ('derecho[s]') en este compuesto y con su acepción política (right = 'derecha'). El copyleft sería de este modo la reivindicación de la libertad, frente a los derechos de autor que la coartan. Al mismo tiempo, el componente -left también se asocia con el significado que posee como participio de to leave: toda creación que se difunda con esta filosofía «se deja» a disposición de usuarios posteriores, para que se pueda utilizar libremente de manera indefinida." Fuente: http://ec.europa.eu/translation/bulletins/puntoycoma/98/pyc982_es.htm

aspectos culturales o realidades políticas del continente negro apartadas de la realidad de quienes viven en el "primer mundo" conviene.

Se podría inferir que el que se conozcan ciertas realidades implícitas en cada letra o canción podría no ser económicamente viable… No es un secreto que mucho de lo que nos llega es aquello más folclórico, en formato de música étnica que se puede escuchar, pero si mencionamos en un grupo de jóvenes, o no tan jóvenes – y es la segunda vez que lo hacemos – a Cesária Évora, por el nombre, más de uno pensará en un parto distócico y no en la *diva de los pies descalzos*. Évora, originaria de Cabo Verde, fue una mujer que hizo carrera entre los suyos y para los suyos y siempre que subió a un escenario lo hizo sin zapatos en señal de solidaridad con sus hermanos, aparte de donar un porcentaje de sus actuaciones a obras humanitarias, pero ¿Qué más da la realidad de Cabo Verde o las peripecias que hubo de padecer su gente tras el colonialismo portugués?

Cabo Verde, lo mismo que otras partes de África estuvo bajo el dominio portugués, y Portugal como toda metrópoli hacía lo propio con sus colonias, empezando por influir en el aspecto lingüístico, primera parada para hacer lo suyo en el ámbito religioso y cultural.

Con la Revolución de los Claveles – de la que ya hablamos en el capítulo dedicado al adoctrinamiento – *Grândola, Vila Morena* indirectamente influyó también en el futuro del archipiélago que a diferencia de otras partes descolonizadas del continente, evolucionó hacia una relativa estabilidad democrática

> "Following the struggles led by Amilcar Cabral, one of Africa's great twentieth century revolutionary thinkers and a Cape Verdean, this island republic gained its independence in 1975. The theories and practices of Cabral are widely considered to equal those of Kwame Nkrumah, Julius Nyerere, Fidel Castro, and Ho Chi Minh. Most recently, Cape Verde has witnessed the birth of plural democracy, which resulted in a peaceful transition from the former ruling party-the PAICV-to the opposition party that now governs-the Movimento para Democracia (MpD). Cape Verde is regarded as a model democracy in West Africa, a region where one-party states, military rule, and civil war are not uncommon. During the 1992 elections in Angola, Cape Verdeans were special selected by the Organization of African Unity (OAU) to play a supervisory role, and in the same year, Cape Verdean diplomats served on the United Nations Security Council." [83]
> (Lobban, 1998, pág. 8)

[83] [Siguiendo las luchas lideradas por Amílcar Cabral, uno de los grandes pensadores revolucionarios de África del siglo XX y caboverdiano, esta república insular obtuvo su independencia en 1975. Se considera que las teorías y prácticas de Cabral son iguales a las de Kwame Nkrumah, Julius Nyerere, Fidel Castro y Ho Chi Minh. Más recientemente, Cabo Verde ha sido testigo del nacimiento de la democracia plural, que dio lugar a una transición pacífica del antiguo partido gobernante, el PAICV-al partido de la oposición que ahora gobierna el Movimento para Democracia (MpD). Cabo Verde es considerado como un modelo de democracia en África Occidental, una región donde los estados de partido único, el gobierno militar y la guerra civil no son infrecuentes.
Durante las elecciones de 1992 en Angola, los caboverdianos fueron seleccionados precisamente por la Organización de la Unidad Africana (OUA)

¿Cuál es el nexo de Cabo Verde con este trabajo?

Es cierto la realidad actual de Cabo Verde dista de la inestabilidad política de otras partes del continente africano. Pero, su historia nos conduce a la trata de esclavos por parte de los portugueses. Cabo Verde era un puente de trasiego de esclavos, una parada entre el continente y el mar abierto y, aunque para 1975 la esclavitud ya se había abolido, el recuerdo existente de esta vergonzosa etapa perdura en el acervo de su gente, algo a lo que bien apunta Lobo Cabrera al explicarnos que

> "Cabo Verde, archipiélago situado al sur de las Canarias, ofrece otro tipo de contacto. Es la zona a donde acuden los isleños como comerciantes a intercambiar sus productos por esclavos y otras mercancías. [...] recibe emigrantes de Canarias, que van allí como especialistas para trabajar en la caña o como factores y representantes de compañías comerciales [...] y por otro relacionar a Gran Canaria con Cabo Verde apoyándonos en el intercambio de caldos isleños por esclavos negros." (Cabrera, 1982, pág. 314)

Vemos que la esclavitud fue uno de los principales motores económicos del archipiélago durante los siglos XVIII y XIX. Cesária Évora es descendiente de esta herencia, la lleva en la

para desempeñar un papel de supervisión, y en el mismo año, los diplomáticos de Cabo Verde sirvieron en el Consejo de Seguridad de las Naciones Unidas.]

sangre y la transmite en su música. Lo que ella representó para el pueblo de Cabo Verde se resume en su actitud en el escenario – era única – pero fue su versión de la canción de Armando Soares, quizá una de las más sentidas piezas del repertorio caboverdiano – más si tomamos en cuenta el trasfondo que hay en su letra – lo que sustenta su inclusión en este trabajo. Así, atendiendo a lo que nos explica Arenas en su libro *Lusophone Africa: Beyond Independence*, Sodade describe la nostalgia experimentada por los emigrantes caboverdianos, marinos y emigrantes durante siglos

> "In the realm of popular music there are numerous songs in the morna, koladera, and furaná genders that thematise the pain of forced departure to the south (i.e., Sâo Tomé and Angola) and the emotional, social, and cultural toll that it exacted upon its victims. The anthem-like "Sodade" would be the most representative of them.
> The song "Sodade" is built upon the repeated question.
> Ken mostro-b es kaminhu longe?
> Ken mostro-b es kaminhu longe?
> Who showed you the faraway path?
> Who showed you the faraway path?
> The path to Sâo Tomé?
> The "faraway path" or "kaminhu longe" stands metonymically for the experience of indentured labor in the southern equatorial islands. The repetitive nonanswer to the question focuses more on the emotionally painful effects of such experience:
> Sodad', sodad'

Sodad', des nha terra San Niklau" [84] (Arenas, 2011, pág. 71)

Los caboverdianos han estado emigrando – por necesidad – a todos los continentes desde principios del siglo XIX. La primera migración registrada de caboverdianos fue a Nueva Inglaterra, ya que fueron reclutados como balleneros por sus excepcionales habilidades marineras y de capitaneo. Esto inició la tendencia de la inmigración voluntaria de caboverdianos y abrió las puertas para la migración futura durante los períodos de sequía y tras la independencia de Portugal. Se podría interpretar como una prolongación de la esclavitud, llevada desde la necesidad de un mejor futuro. Sodade, como apunta Arenas, nos habla de la migración de una parte de la población como trabajadores contratados a Sâo Tomé, que se produjo durante el gobierno autoritario sobre Portugal y sus antiguas colonias de Antonio de Oliveira Salazar.

---

[84] [En el ámbito de la música popular hay numerosas canciones en los géneros morna, koladera y furaná que tematizan el dolor de la salida forzada hacia el sur (es decir, Sâo Tomé y Angola) y el costo emocional, social y cultural que impuso a sus víctimas. El cuasi himno "Sodade" sería el más representativo de ellos.
La canción "Sodade" se basa en la repetida pregunta.
Ken mostro-b es kaminhu longe?
Ken mostro-b es kaminhu longe?
¿Quién te mostró ese camino lejano?
¿Quién te mostró ese camino lejano?
¿El camino hacia Sâo Tomé?
El "camino lejano" o "kaminhu longe" representa metonímicamente la experiencia de la mano de obra contratada en las islas ecuatoriales del sur. La no respuesta repetitiva a la pregunta se centra más en los efectos emocionalmente dolorosos de dicha experiencia:
Sodad', sodad'
Sodad', des nha terra San Niklau]

Podría percibirse una ausencia del hecho político en esta canción, pero recordemos que hablamos del sentimiento que la inspira, de la herencia dejada por la etapa de esclavitud, colonia y dictadura y la emigración forzada. Son todos contextos sociales devenidos de hechos políticos que se acaban expresando de la siguiente manera:

Sodade - Armando Soares-Cesária Évora (Cabo Verde)[85] Fragmento

Quem mostra' bo esse caminho longe?
Esse caminho pra São Tomé.
[...]
Sodade, sodade, sodade!
dessa minha terra, São Nicolau.

Si bô 'screvê' me 'm ta 'screvê be
Si bô 'squecê me 'm ta 'squecê be
[...]

Tristeza

¿Quién te mostrará ese largo camino?
Ese camino para São Tomé.

¡Tristeza, tristeza, trizteza!
de esa tierra mía, São Nicolau.

Si tú me escribes, te escribiré
Si tú me olvidas, te olvidar

[Anexo 18]

Canción testimonial – Cuestiones de conquista

No podríamos intuir, o igual sí, en qué pensaba León Gieco cuando escribió ésta canción tan cargada de simbolismo, pero podríamos tener más en claro, tras los años que lleva sonando

85 La transcripción es de la letra dada a conocer por Évora en su álbum *Miss Perfumado* de 1992, no se corresponde con la original escrita y cantada en portugués caboverdiano, seguramente para que fuese más fácil de entender.

por el mundo, que difícilmente se puede quedar uno ajeno a su letra. Una letra que refleja el sentimiento del pueblo originario y el criollo mestizo, tras el quinto centenario de la conquista del nuevo mundo, puede que no refleje específicamente el sentimiento de su autor, como ya apuntamos, sino lo que este percibía en fechas tan marcadas como las que vieron nacer este canto testimonial. Como músicos, posiblemente no le habríamos dado un significado más allá del que se evidencia en el texto, que es un significado que comporta ni más ni menos que quinientos años de reivindicación histórica, inmersos en unos versos acompasados y acompañados por una serie de acordes que sustentan su sentido melódico.

Un día en un acto de la ANC[86] al que me fui invitado en el 2014[87], quise sacarla de la libreta y la canté como otras tantas veces lo había hecho. La canción como era de esperar gustó, pero no imaginé que la pedirían como bis al final del recital. Reinicié el tema y cuando llegó el primer estribillo de "cinco siglos igual" me sorprendió el público de Cervià de Ter con su propia versión de ese único verso: "*Són tres segles igual*"

[86] Acrónimo de Assemblea Nacional Catalana. Organización de la sociedad civil catalana estrictamente independiente de los partidos y de la Administración pública, cuyo objetivo, entre otros, es la fundación de una república independiente catalana.

[87] Acto dicho sea de paso al que asistí Ad honorem, sin cobrar nada, algo que prefiero puntualizar debido a los vigilantes ojos de ciertas entidades que gestionan derechos de autor en el estado español y, atención, no he dicho ladrones, ni dado nombres.

Para entender lo que pasaba en ese momento cabría entrar en detalles de corte político que obstaremos de incluir en este trabajo, pero si hemos atendido al capítulo acerca de los himnos y sus ejemplos con la *Marseillaise* y *Els Segadors*, será más fácil entender qué pasaba aquella noche en aquel pueblo catalán, pues se trataba de una actividad organizada por una entidad independentista. En ese instante nació una nueva manifestación política del pueblo, que con el cambio de tres palabras – y de idioma – de pronto hicieron suyo un testimonial que expresaba el dolor sufrido por los pueblos originarios de Abya-Yala a manos de la conquista y colonización española, haciendo un paralelismo, digamos, con su realidad de pueblo también "conquistado" mediante la fuerza. De la nada hicieron propio un manifiesto y le dieron otro sentido político, un sentido que su autor no le dio en un principio, pero que esa noche estaba allí. Ahora, como politólogos o no, veamos qué pudo haber que diese pie a lo que hemos relatado:

Cinco siglos igual - León Gieco (Argentina - 1992)
Fragmento
Soledad sobre ruinas, sangre en el trigo
rojo y amarillo; manantial del veneno,
escudo, heridas ¡Cinco siglos igual!
[...]
En esta parte de la tierra la historia se cayó
como se caen las piedras, aun las que tocan el cielo
o están cerca del sol, o están cerca del sol.
[...]

Muerte contra la vida, gloria de un pueblo
desaparecido; es comienzo es final,
leyenda perdida ¡Cinco siglos igual!
[...]
Es tinieblas con flores, revoluciones
y aunque muchos no están, nunca nadie pensó
besarte los pies ¡Cinco siglos igual!

[Anexo 19]

Este poema de Gieco habla de dolor, de sufrimiento y de menosprecio. Hace alusión al trigo, al rojo y al amarillo, en una metáfora a la sangre derramada sobre campos de este cereal. Supongamos por un momento que se trata de un autor catalán, esto evoca a la Guerra dels Segadors, a los colores tanto de la señera catalana, como los de la bandera española. Se pueden establecer muchos paralelismos o llamémosles coincidencias si se tercia, entre el relato de la conquista y la colonia – visto desde esta canción, no queremos malos entendidos – de las "américas" y la historia a partir de "dels Segadors" y la guerra de sucesión en Catalunya. Aquella noche, dada la facilidad del idioma, el contexto político que auspiciaba la actividad y el ambiente de reivindicación, varias personas se identificaron en el poema o bien, identificaron una motivación política y la reflejaron con ese sutil cambio de letra "son tres siglos igual".

Volviendo a Gieco en el nuevo mundo, hablar de la conquista y colonización de Abya Yala se puede inferir como un hecho asumido y pasado. No obstante, vemos que existen hoy por hoy grandes "herencias" devenidas de la época analizada. En 2019, por ejemplo, el actual presidente de Los Estados Unidos Mexicanos pedía al gobierno español una disculpa por su comportamiento y maltrato de las culturas originarias – en este caso mexicanas – latinoamericanas, durante la conquista y la colonia a lo que el exministro de exteriores español, Josep Borrell, respondió de una manera bastante objetable.

Claro es que el control colonial que mantenía la corona hispánica sobre "las indias" no es cosa de actualidad dadas las independencias de los territorios latinoamericanos del siglo XIX y alguna del siglo XX. Pero, como contrapartida, la herencia cultural y étnica sí que arraigó en la mentalidad de los ahora habitantes de las naciones recién creadas. Por un lado, desde la perspectiva del descendiente europeo, comúnmente identificado con los "señores hacendados", cuyo linaje gustaban entonces – y gustan en muchas partes del continente – lucir como justificación de su posición de dominio sobre quienes entienden conforman el vulgo o la inferioridad racial de América Latina. Por otro, la influencia del factor económico, que hizo de los primeros los amos y señores del territorio y de todo lo que en este se producía. Los dueños de las vidas de quienes trabajan en estos latifundios a cambio de un jornal ínfimo, si es que a la explotación y mal vivir en un chinchorro se puede considerar jornal.

Sea como sea no deja de ser un calco de lo que fue el sistema feudal y señorial importado por los conquistadores españoles, y podríamos pensar que el poder que ejercieron estos grandes hacendados fue el catalizador de las revoluciones del continente y casi dos siglos después, de las independencias. No obstante, se siguen transponiendo de la época colonial ciertos usos que siguen determinando la política de muchos países latinoamericanos, tanto a nivel social como cultural y no solo en estos aspectos sino que, por ejemplo, en Colombia, se sigue hablando de familias dominantes cuyos designios se imbrican en la gestión de amplios sectores del país, sea a nivel económico y social, como político y administrativo, aun cuando de cara a la galería tales afirmaciones resulten disimuladas por la cortina de la democratización y otras formas de gestión pública y política.

Durante la colonia, tal y como apunta González Manrique en su libro *De la conquista a la globalización*, existieron amplios debates acerca del origen y la "puridad" de sangre, debates que por desgracia no podemos ni debemos dar por zanjados, pues a la vista saltan ejemplos de degradación o desprecio por lo amerindio o natural de las américas. Lo anterior lo deja patente cuando nos dice que

> "Pocos aspectos de la América Latina moderna se pueden situar con tanta precisión en el legado colonial como la desigualdad racial: la terminología étnica indiana variaba según los niveles de estratificación y era utilizada para ejercer derechos y privilegios de acceso a los puestos y posiciones más beneficiosos en términos económicos."(González Manrique, 2006, pág. 43),

situación que en muchos puntos del continente se sigue viendo, con la relativa diferencia de que entonces

> "Las autoridades se esforzaban en hacer coincidir las fronteras de origen étnico y las categorías jurídicas. Los tribunales se veían inundados de peticiones de declaraciones de blancura, con los solicitantes que buscaban certificados de no pertenecer a la clase de mestizos o <<no tener otro defecto>>."[88],

y aunque hoy no existan procedimientos de este tipo, el solo hecho de no reconocer la ciudadanía de los pueblos originarios, como pasa en muchos países, se puede equiparar a lo descrito, sin contar que ello conlleva que los amerindios actuales se marginen o aíslen de una sociedad que los ve como personas de inferior categoría, incluso a quienes llevan en su sangre la mistura del poblador originario y el colonizador europeo, pues "*Igualmente los mestizos trataban de no ser declarados indios y por ello libres de tributar y aprovechar la movilidad social para tener la posibilidad*

[88] Ibidem

de pasar por blancos."[89] [90]

Ya no se trata solo de traer a valor el texto de Gieco, sino de establecer que a pesar de los años, décadas y siglos que nos separan de la época colonial, siguen existiendo aspectos que podríamos enfocar la pieza hacia el neocolonialismo, pues la colonización como hecho puede que haya quedado atrás, mas no su implantación en el acervo de los pobladores del continente ya que lo que unos entienden como un derecho natural – los autodenominados caucásicos latinoamericanos – para los otros es una realidad que deben aceptar y que por desgracia han asumido como algo que debe ser, no como una imposición injusta y un invento primero de los conquistadores/colonizadores, amparado por un hecho religioso y cultural ajeno a sus realidades ancestrales.

[89] Ibidem.

[90] Me explicaba mi compañero y hermano nicaragüense, Gerson Vázquez, que, en el Alto de La Paz, Bolivia, donde estuvo estudiando a mediados de los 80 los aimaras que viven y comercian en sus calles se dirigían a él siempre como "joven caballero". Entonces no entendía tal deferencia, lo mismo que no entendía por qué viajaban en la parte trasera de las busetas que circulaban por la ciudad ni las llamadas de atención que sus compañeros de conservatorio le hacían por viajar con los "indios" y no delante con ellos. "Cuanto más clara tu tez, más respeto mereces" fue la conclusión a la que llegó con el tiempo, aunque nunca pidió tal deferencia menos siendo mestizo como es.

En Costa Rica, por ejemplo, hasta muy avanzada la década de los 90 se reconoció constitucionalmente el derecho a la ciudadanía a las etnias originarias del país, como los Bribrís, Malekus o Teribes, amparando con ello, además, el derecho a la enseñanza pública en su idioma.

No obstante lo anterior, fue hace pocos años que el país se declaró constitucionalmente multiétnico y pluricultural.

La religión, ya que la hemos mencionado, fue la punta de lanza, la excusa que – según Manrique y con cuya visión estamos de acuerdo – laceró primero en la realidad amerindia. Ya no hablamos del genocidio o el sometimiento mediante el fuego y la violencia, ni siquiera de los males traídos allende el mar para los cuales los originarios de las américas no tenían defensas en sus sistemas inmunológicos, hablamos de la cristianización como herramienta primordial y justificación para todo lo anterior y lo que vino después.

El menosprecio de las tradiciones ancestrales, cimentado en la idea medieval del "enemigo en todas partes" – musulmanes y judíos – pudo más que el raciocinio y el respeto, y aun hoy, como latinoamericanos, se ha de soportar joyas del tipo _ *nosotros os llevamos cultura* _ o _ *nosotros os civilizamos, comedores de hombres* _ cuando la inquisición estuvo vigente en España hasta muy entrado el siglo XIX y si bien es cierto para cuando se abolió esta aberración ya no se quemaba gente en la hoguera, durante los siglos previos coincidentes con la conquista, dichas prácticas religiosas eran el pan común en la civilización europea cristianizadora del nuevo mundo.

De la misma forma en que el cristianismo adoptó para sí ritos paganos como el Sol Invicto, disfrazándolo de navidad y onomástica del hombre de Galilea, los amerindios hubieron de asumir, por la imposición y la fuerza, costumbres y creencias que no les eran propias, pero con la suspicacia suficiente de hacerlas o mejor dicho adaptarlas en gran medida a su herencia ancestral. Algo con lo que la iglesia no contó entonces y que hoy es manifiesto de la riqueza cultural y ancestral que sigue siendo observable en muchos puntos de la Abya Yala mestiza.

Luego tenemos la lucha por el poder y su consecuente gestión. No es casualidad que la inestabilidad política sea el desayuno diario de millones de latinoamericanos, acostumbrados desde la colonia a las guerras intestinas por el control de los recursos y gestión del poder que estos recursos suponen. Lo mismo que no es casual que cada vez que un territorio tiende a la estabilidad, agentes externos intervengan en favor de ciertos intereses, asociados – cómo no – a la hegemonía cuasi hereditaria de las clases dominantes. Algo que, si bien es cierto es más cercano al neocolonialismo capitalista, parte de una raíz que encontramos bien anclada en el periodo colonial.

Por último, y no menos importante, tenemos el mestizaje como tal... Zambos, saínos, mulatos, cheles, castizos, criollos, longos, chungos, monos y un sinfín de calificativos y maneras de describir la diversidad étnica que podemos encontrar en el continente, son el manifiesto históricamente presente en la canción de León Gieco, que ahora viene a ser una suerte de resumen de todo lo explicado en las páginas anteriores. Podríamos desglosarla verso a verso y buscar elementos histórico-políticos que sustenten aún más la aseveración que acabamos de hacer, pero intuimos que dado el conocimiento generalizado de la conquista y el periodo colonial o bien, el acceso a toda esta información en gran cantidad de fuentes, es sencillo poder ubicar cada verso en un contexto claro, máxime partiendo de la idea de que *Son cinco siglos igual.*

Para la conmemoración de los 500 años del descubrimiento de Abya Yala, el boliviano Gonzalo Hermosa compuso esta última pieza que, al igual que la de Gieco, no da margen para interpretaciones distintas. Ambas piezas vienen a ser una suerte de resúmenes cantados de una realidad histórico-político-cultural que se sigue viendo hoy.

A los 500 años – Gonzalo Hermosa (Bolivia - 1992)
Fragmento

Hace más de 500 años
en la tierra del maíz,
como en las páginas de un cuento
vivía un pueblo feliz.

Hasta el sur del paraíso
y del otro lado del mar,
llegaron hombres extraños
a sembrar desolación.
[...]
Y trajeron muerte en sus barcos

y una cruz como religión,
el terror y el genocidio
era ley de su inquisición
[...]

[Anexo 20]

XI – CONCLUSIONES

A lo largo de estas páginas hemos realizado un recorrido por distintos momentos y ambientes en los que la música y la política han interactuado, dando de sí imágenes sonoras desde la cuales podemos percibir hechos histórico-políticos desde otra perspectiva.

La música es algo inherente a nosotros, a nuestra evolución. Y a pesar de los avances sociales y tecnológicos sigue estando presente al alcance del más humilde y al antojo del más pudiente. No necesitamos de herramientas ajenas a nosotros mismos para la musicalidad, claro que dependeremos inicialmente de nuestro oído. Es un medio de condicionamiento, sugestión o cambio de los estados de ánimo que nos conducen.

Una melodía nos relaja o nos alegra el día; puede provocar un estado de melancolía o acrecentar nuestra furia. Es un elemento sumamente importante en nuestro acervo, seamos de donde seamos, pues pensada o entonada de cierta manera nos ayuda a identificarnos o sentirnos compelidos por un hecho social concreto.

La política es, como hemos visto, algo que también forma parte de nuestra naturaleza humana. Somos seres gregarios y racionales, al menos se entiende que lo somos. Como tales, buscamos la supervivencia del grupo, el bienestar del conjunto. Esta forma de percibirnos nos conduce a la necesidad de protegernos, sea mediante la fuerza o mediante la negociación y en este sentido la historia desborda en ejemplos. Como seres que procuramos el bienestar del grupo tendemos a ser conflictivos con otros grupos que obviamente también buscan su bienestar. Es entonces donde la política entra de lleno en nuestro quehacer, pues de no ser así el conflicto sería por demás insalvable y constante.

Ambos aspectos forman parte de lo que es la identidad, de lo que podemos entender como una cultura propia donde intervienen otros factores, siendo notable la facilidad que tenemos de evolucionar en estos, cuestiones que prácticamente han funcionado al unísono en nuestro avance como especie. Hablamos de hechos constatables, herencia del desarrollo de la intencionalidad humana que, con el tiempo, incluso con miles de años de distancia, pueden repetirse cual patrones tal y como pudimos observar en el primer capítulo de este trabajo.

La musicalidad entró a formar parte de la intencionalidad política de la sociedad, como parte de su identidad cultural, como hecho característico aunado a otros elementos como el religioso que, si cabe decirlo, es a la política como un catalizador o detonante de los propósitos de un grupo ante la diversidad del otro.

Israel era una potencia en la Antigüedad, cuya expansión requería de la ocupación de los territorios que creía necesarios para su pueblo, entre estos Jericó. Como pudimos constatar el hecho político y su intencionalidad política eran evidentes, claros. Lo interesante de haber iniciado este recorrido con este conflicto político es, además de su trascendencia histórica y temporal sin ignorar su componente religioso, que el inicio de todo se da con el sonido de cuernos y voces al unísono. La musicalidad abría una historia bélica de casi seis mil años que hoy continúa y de la que somos testigos. Un conflicto político que milenios después vuelve a tener a la música entre sus protagonistas, estableciendo un paralelismo entre Edad Antigua y realidad actual, enmarcado en una primera relación de los dos hechos analizados en este ensayo.

Es también una cuestión de identidad tal y como hemos ido apuntando en nuestro recorrido, de auto ubicación de esa identidad en la que la música vuelve a jugar un papel importante, al ser parte del acervo cultural de aquello a lo que hemos llegado a entender como nación, junto con otros elementos sumamente importantes (lengua, costumbres, religión, etc.).

Ahora el yo social es más amplio, es un yo nacional, un hecho con el que nos identificamos o no, pero que está presente y ejerce su presencia política ante otras realidades nacionales con las que también sus sociedades se sienten identificadas.

Es aquí donde la música vuelve a ser necesaria, esa identidad nacional ha de caracterizarse ya no solo por su comportamiento político, sino por otros elementos que la identifiquen en un entorno en el que ahora convive con otros hechos nacionales. No entramos obviamente a analizar el origen de los estados, sino que en el capítulo que dedicamos a los himnos pudimos observar cómo la música deviene esta vez como herramienta de identidad nacional, de transmisión de un sentimiento político, de un acervo político.

Los himnos, en la selección que hicimos para este ensayo, pueden ser una parte fundamental en la formación de ese yo social y nacional que hemos tratado. Lo importante en ambos casos fue establecer que su origen es indiferente, pues es la sociedad, o parte de esta, la que acaba identificándose o no con una secuencia de notas o una canción determinada, y será quien le dé un sentido político así se originase en la tradición oral o en las páginas de un compositor, siendo ajena a este detalle en el momento de dotar de reivindicación política una melodía.

También hemos podido observar cómo una misma manifestación musical puede tener una distinta interacción social, incluso dentro de una nación o estado – en este punto siendo prudentes y recordando que existe una diferencia entre los conceptos de Estado y Nación – tal y como se ha visto en el caso de *Els Segadors* en Catalunya y España.

La Marseillaise, por su parte, consiguió aglutinar y cohesionar en cierta medida la realidad revolucionaria en la política francesa en torno a sí, en tanto que *Els Segadors* representa lo peor y lo mejor del nacionalismo, según quien lo mire, dentro del mismo territorio estatal o nacional. Son pues, dos casos de músicas surgidas desde la sociedad que han llegado a ser establecidas o declaradas como músicas institucionales, representativas de una identidad. Un último aspecto a destacar de estas piezas es cómo se acompasa su utilización a los devenires políticos y sociales de sus respectivas realidades nacionales, de ahí que pudiésemos decir sin temor que son himnos que vuelven a estar de moda, casi como *hits* políticos de sus respectivos entornos.

Ahora, no solo la sociedad puede adoptar una composición musical como algo representativo de su identidad o del hecho político que quiera destacar, pues hemos visto el uso que el poder puede hacer del hecho musical como parte de su intencionalidad política.

Van Beethoven y Stravinsky fueron parte de nuestra selección, el primero siendo como fue un compositor surgido de la sociedad proletaria, que vivió en una época complicada, inestable políticamente y plagada de injusticia social llegó a componer una obra que expresaba de él, quizá, su deseo de armonía y hermandad, lejos de la idea de tiranía o superioridad que, por ejemplo, el régimen nazi propugnaba con sus atrocidades casi dos siglos más tarde.

Imaginemos que a van Beethoven le hubiesen propuesto componer ese tema en la Europa del III Reich y más, que hubiese sido testigo de cómo el régimen nazi se apropiaba de su creación dándole la vuelta a su intencionalidad inicial, con lo que de pronto ese mensaje de hermandad ya no es universal, sino que se destina desde el nazismo a los miembros de una supuesta raza aria. Son cuestiones que nos ayudan a completar esta conclusión, pues pudimos observar que el poder ejerce el control sobre aquello que otros han ideado y lo devuelve a la sociedad en forma de mensaje tergiversado, rompiendo de lleno con la intencionalidad original del compositor.

La Unión Europea de finales del siglo XX adopta como himno esta sinfonía, cuyo mensaje es nítido y no deja lugar a dudas acerca de su intencionalidad, politizándolo e institucionalizándolo en tanto se ignoran tragedias humanas que con toda certeza harían desistir a su compositor de crearla si viviese en nuestros días.

Con Stravinsky sucede algo similar, en su caso el poder Soviético procura el rechazo de su obra y consigue silenciarlo en la URSS durante casi treinta años, periodo tras el cual, al ver la importancia que su trabajo y en este la *Historia del Soldado* tiene extra fronteras, decide dar marcha atrás y esgrimir al compositor y su obra cual emblemas de orgullo nacional. Obviamente el interés radica en decir ¡Esto nos representa! Stravinsky es parte del acervo soviético, que no ruso. El régimen soviético busca gestionar un error y convertirlo en ventaja a través de la propaganda, de reivindicar como propio algo a lo que renunció tiempo atrás y ahora le sería de utilidad a nivel de imagen política y cultural, de un hecho musical que esgrimir como herramienta política.

Este compositor tenía su concepción particular del mundo, sus admiraciones y lealtades, pero su música se fundamentaba de manera muy destacable en sus raíces culturales, dando voz a la sociedad agraria y proletaria rusa mediante el hecho cultural. Para cuando el régimen soviético quiso darse por aludido, el compositor ya había trascendido y su significación política ya no estaba bajo su control, sino que dependía ya de otros agentes externos. La música, hemos visto, también puede ser reinterpretada desde el poder.

Lo anterior quiere decir que el poder se sirve de la música para influir en el comportamiento político de la sociedad, y como apuntamos en el capítulo dedicado al adoctrinamiento, la música puede ser un arma con doble filo. Vimos de manera escueta la noche que dio inicio a la Revolución de los Claveles en Portugal, la sintonía de una pieza musical marcó el fin del régimen de Salazar. Este episodio fue solo una muestra de la necesidad que tiene cualquier régimen de controlar los medios de producción, pero más que los medios, aquello que se produce y la forma en que estos elementos son difundidos en la sociedad.

Hablamos de propaganda, que puede ser particular o institucional y que cuando esta viene desde el poder es adoctrinamiento, la implantación de una manera de pensar en la sociedad orquestada por quienes gestionan el control estatal e institucional. Pudimos observar que no se trata solo de producir aquello que se pretende llegue a la sociedad, sino de controlar los factores ajenos al gobierno que pueden generar distintas formas de pensar, pues su capacidad de creación no está sujeta a la doctrina establecida. Es cuando aparece el aparato de censura decidiendo qué puede y qué no puede llegar a estar al alcance social. En ambos casos la idea es el control mediante la producción cultural y la música no escapó a este hecho político, fue y es herramienta a favor y en contra del poder.

Siguiendo este hilo, vimos también una canción pensada con una intencionalidad que, podríamos decir, atenta contra un régimen establecido en un lugar, se puede tornar en favor de este o de las ideas políticas que defiende.

El caso de Bécaud con *Nathalie*, lejos de ser el revulsivo de la identidad rusa en contra del régimen soviético que su autor pretendió, se convirtió en un símbolo de identificación política con el comunismo y los movimientos de izquierda, no solo en Francia, también en Latinoamérica en una época de guerra fría y movimientos en Europa. El régimen soviético no se fortaleció gracias a esta canción, sería una insensatez pensarlo y es una idea que descartamos de entrada, pero sí que influyó como otros muchos cantos en las corrientes políticas de izquierda de América Latina, de la misma forma que la canción del chileno Sergio Ortega *El pueblo unido jamás será vencido* fue adoptada por los movimientos sindicales de muchas partes del mundo, al margen de su origen. Otro ejemplo viene a ser *L'estaca* de Lluís Llach, que se popularizó al margen del esfuerzo que el régimen franquista hiciese por frenar su difusión.

La música y la política son, en yunta, sinónimo de reivindicación cultural e histórica tal y como se desprende en lo analizado en el capítulo dedicado a la música del altiplano. Ya no es solo una cuestión de nacionalismos – que también – sino que abarca aspectos incluso lingüísticos y étnicos. Gracias a que hoy día muchas de las culturas originarias que aun habitan en Abya Yala han sido capaces de mantener casi intacta su herencia cultural-musical, hemos podido asistir al mestizaje de este hecho con el hecho sociopolítico, dando de sí todo un compendio en el que nos habríamos podido detener y llenar páginas analizando piezas, idiomas, contenidos culturales y políticos de una riqueza inmejorable.

Sin haber pretendido ignorar la riqueza del mestizaje cultural, ritmos caribeños y demás, nos ubicamos en el trasfondo de hechos sociopolíticos acaecidos en dos países andinos. Por un lado, el sentido relato cantado de la Rebelión de Huanta, en Ayacucho (Perú) y, por otro, la realidad de los mineros bolivianos y su lucha de siglos en contra de tan mala situación.

Hemos visto que la denuncia social o el relato testimonial de un hecho político tienen también una vertiente musical, además enriquecida por su origen cultural. Fuimos testigos de la idea del indianismo y del uso que este movimiento social hace de sus raíces culturales, entre las cuales la música, y de cómo puede llegar a ser representativo de un cambio de paradigma, algo que destacamos en la figura ancestral de Tomas Katari y su paralelismo con la del depuesto presidente boliviano Evo Morales.

En el primero, la música reivindica su figura revolucionaria y, el segundo, usa la música como parte de su mensaje de reivindicación. En ambos casos, lo mismo que con *El minero* y *La flor de la retama*, la imbricación entre música y política queda constatada. Pero no es lo mismo reivindicar un hecho que protestar por un hecho. El indianismo no protesta por el hecho de lo indio, al contrario, reivindica a nivel sociopolítico el hecho de ser indio y denuncia o protesta el menosprecio de esta realidad.

De lo anterior se desprende que muchos cantautores huyan del cliché *canción de protesta*, pues con la música no se lucha de la misma forma que con una barricada. Existe la denuncia social y canciones que pueden influir en el comportamiento de un colectivo o estar dentro de los repertorios de acción colectiva de un movimiento.

La música o la canción que reivindica, como pudimos ver en el capítulo de revoluciones cantadas, no es de un único calado, de ahí que no se pueda decir que todo es canción de protesta, pues tras nuestro análisis del caso chileno, pudimos observar que el régimen de Allende fomentaba la difusión cultural mediante la canción con mensaje, incitando al pueblo a instruirse, a conocer más de sí mismo y a denunciar su situación, algo que dista del hecho de cantar contra un régimen, en cuyo caso se podría entender como canción protesta, pero con los matices necesarios al efecto, motivados por el entorno social y político.

La canción o la música es para los regímenes una cuestión de capital importancia, y para ilustrarlo vimos la forma en la que dos regímenes distintos se comportaron con la producción cultural asociada a la "protesta".

En Chile se hizo tanto como se pudo por erradicar cualquier influencia o atisbo de música que pudiese considerarse politizada – hacia la izquierda – en la sociedad, en tanto que el régimen cubano de Castro fomentó estas manifestaciones culturales.

Lo más interesante en ambos casos fue observar cómo su influencia se extendió más allá de sus fronteras. En el caso de la música chilena por la represión sufrida y en el cubano por la idea de que otro sistema político era viable. En este sentido, insistimos varias veces en no juzgar si un régimen analizado era mejor o peor, tampoco era nuestro objetivo decir que la música de un régimen X es más agradable, sino incidir en la forma, en la idea política de esa música y cómo se podía extender y el posible porqué de ello.
Vimos que en ambos casos que el trato dado a la producción musical fue distinto, lo mismo que lo fue para quienes la produjeron (Jara y Rodríguez), y que su influencia va más allá de la pura admiración artística, pues hay quienes la identifican con claridad con una manera política de pensar, pudiendo inferir que la música o la canción de autor – no del todo correctamente denominada protesta – está sujeta a ser reinterpretada por el oyente, que será quien al final le dé un sentido político o no, al margen de la verdadera intención de su autor.

Por último, vemos que la música puede ser testimonial, transmitir la idea de hechos sociales y políticos pasados y hacernos revivir escenas que no hemos vivido, talvez sí estudiado en libros de historia, pero a diferencia de estos, se nos transmite con un contenido de sentimiento involucrado que nos hace quizá más conscientes de unos hechos que extraídos de un libro serían meros datos o relatos histórico-políticos.

La música nos presenta, por ejemplo, la realidad de Cabo Verde: no ese idílico lugar de África del que nos venden la idea de que todo es alegría, sino el del sentimiento de una sociedad que hasta no hace mucho estaba superando un pasado de esclavitud colonial y dictatorial que condicionó la vida de sus habitantes incluso después de su democratización. O una Abya Yala mestiza, que ha superado 500 años de historia y no obstante repite patrones políticos, culturales y sociales de aquella época que siguen reflejando en su música.

Hemos entendido que la música transmite sentimientos, es algo que sabemos sin necesidad de realizar un análisis exhaustivo de la realidad musical que nos rodea. La relevante fue observar a lo largo de nuestro recorrido que también pueden ser sentimientos que albergan un componente político, social, reivindicativo, que nos pueden hacer sentir oprimidos o liberados de cadenas.

Sea como sea, nuestro viaje ha sido un viaje a través de una relación entre dos hechos producto de nuestra propia naturaleza humana, dignos de estudio y de comprensión. Cargados ambos, por mucho que disguste la idea al dogmático doctrinal, de sentimientos de muy diversa índole que pueden influir en la intencionalidad del uno sobre el otro.

En resumen, si bien es cierto que somos animales políticos es porque también somos animales musicales, animales que expresan sus sentimientos de ambas y en ambas formas.

XII – EPÍLOGO

Si bien este trabajo debería haberse tratado de algo estrictamente académico, decidí abstraerme del dogma que requería como tesis y paralelamente dedicar tiempo a este texto de una manera más práctica y no tan científica, pues la Música, aunque tiene su ciencia implícita, no deja de ser un arte popular en tanto que la Ciencia Política, por lo general, enfoca su objetivo hacia hechos contrastables, lo empírico, la estadística, los datos, las teorías e hipótesis, el análisis de factores, elecciones, clivajes, etc., deshumanizando por momentos cualquier acercamiento del hecho cultural al hecho político y excluyendo de sí a quien no cuente con los conocimientos de un politólogo.

Así, no hablamos solo de Ciencia Política, entendamos que nos movemos en un mundo tan político como cultural y que tanto hay de cultura e identidad en la sociedad, sea cual sea, como política se tercia en cada momento de la vida de una persona, pues incluso dentro de un régimen dictatorial el ciudadano vive las consecuencias de un sistema político. No por ser los Emiratos Árabes un sultanato, cuyo sistema deja poco espacio al quehacer político de sus habitantes, dejan estos de vivir un ecosistema político particular.

Ahora, no todos somos músicos y no todos somos politólogos, pero de una manera u otra todos entendemos la política o el concepto de política y la música en muchas de sus formas. De manera que acercándonos a la visión de la persona, no la del experto en análisis politológico al que solo otros "expertos" o aspirantes a expertos estarían interesados en observar, o al experto musicólogo al que solo se acercarán los versados en el Barroco, vemos que no necesariamente hay que ser analista político para entender un contexto político detrás de una letra, o bien, que no hace falta ser músico de vocación para entender la historia detrás de una composición.

Científicamente, algo en lo que insistió mucho el tribunal que revisó mi tesis, este trabajo no aportaba lo que se requería desde el rigor académico – lo que ha generado constantes disgustos con profesores, tutores y tribunales – pero decidí entrar en este "berenjenal" por una cuestión más natural, de interés no precisamente motivado por el estudio musicológico o político de ambos hechos. Decidí hacerlo de una manera natural, sin restricciones académicas robóticas y deshumanizadoras. Solo puedo resumirlo en la frase ya marcada a fuego en mi mente "*esto no resulta académico*" Pues, lo sé, resulta humano, natural y vivo.
¿Cómo pretendemos que la sociedad entienda lo que hacemos como politólogos o lo que es la ciencia política, cuando nos

obcecamos en utilizar un lenguaje que la mayoría de las veces tira para atrás a los propios politólogos?

No es de extrañar que muy poca gente sea consciente de quien es realmente el politólogo y qué es lo que hace, su función en la sociedad, pero en fin, todo lo que acabo de decir, aunque sea verdad "*no resulta académico*".
Por cierto, yo no iba para politólogo, ni siquiera después de cumplir los 35 años me lo planteaba. Ello no quiere decir que estuviese detrás del velo de la ignorancia, pues provengo de una familia que ha visto filiaciones e ideologías políticas de diversa índole, siendo lo suficientemente interesante para mi mente joven de entonces entender por qué mi país no tenía ejército, sin conformarme sencillamente con la explicación que nos dieron a mansalva durante la primaria.

Tertulias de Radio Nacional – la de Costa Rica – que acostumbraba a escuchar mi padre, sus conversaciones con mi tío Guillermo acerca de lo que fue la Nicaragua de la revolución, el cuento de Arias con lo de "Esquipulas"; el constante rechazo de mi padre a la filiación política de mi abuela y tías (fieles votantes del PUSC) y otras tantas cuestiones que siempre me mantuvieron con la oreja atenta mientras jugaba con mi hermano a los "bricks", pero que, dada mi juventud no sabía cómo interpretar del todo, movieron poco a poco cierto interés. No obstante, fue una noche de 1987, de las tantas que don Benjamín llegaba "contento", cuando sacó sus casetes y me sometió a una sesión auditiva que cambió mi vida. Yo tocaba guitarra desde los seis años, bueno, intentaba quedarme con las lecciones que me pagaban como extraescolar, pero nunca en realidad había tenido contacto alguno con el hecho musical. Paradoxal, toda vez que mi abuelo (Viales) tocaba marimba en Guanacaste en sus años mozos, emparento con cierta "Vargas" de mariachis, y mi viejo siempre que podía se sentaba con mi guitarra a practicar sus canciones de siempre "*Aquí vine porque vine, a la feria de las flores*" _[91] o bien _ "*caminito que entonces estabas cubierto de trébol y juncos en flor*"[92]_.

Aquella noche, supongo que en una de sus facetas más reaccionarias que bohemia, eligió para mi oído y entendimiento, creo que porque sabía que ya estaba en edad de entenderlo, una cinta donde había grabado a una tal Violeta Parra[93]

[91] Canción tradicional mexicana, obra de Jesús Monge Ramírez autor del conocido México lindo y querido.

[92] Uno de los más famosos tangos compuestos en la historia por los argentinos Juan de Dios Filiberto (música) y Gabino Coria Peñaloza (letra), dado a conocer por el franco-argentino Carlos Gardel. Canción sobre la que pesa la polémica histórica acerca del camino al que hace referencia, pues hay quienes defienden que se inspira en el Camino de Olta, provincia de la Rioja argentina (nunca desmentido por el autor de la letra) y quienes afirman que habla del Caminito de la Boca en Buenos Aires (nunca confirmado por el compositor de la música). Existe, de hecho, un tercer camino del que se defiende su motivación, que es el de Chilecito, también en la Rioja.

[93] Violeta Parra fue una cantautora y divulgadora chilena de gran importancia y alcance histórico, tanto por su aporte a nivel cultural como por su obra artística, en la que destaca su faceta musical.

_ ¡Qué voz rara tiene esa señora! _ le dije

_ Escúchela, hijo, póngale cuidado, porque nos está contando cosas _

"¿Qué diría el santo padre que vive en Roma,
al ver cómo degollan a su Paloma [...]
miren cómo pregonan tranquilidad,
cuando de ella nos priva la autoridad [...]
miren cómo nos hablan del paraíso,
cuando nos llueven penas como granizos"[94]

_ ¡Pa! La señora está muy enojada ¿Cierto? _

Mi viejo me miró y se dio por satisfecho. Hubo entendimiento, el que un crío de once años podía tener al respecto y el suficiente como para intuir que esa señora, esa Violeta Parra, no estaba contenta... Ahí inició el trajín de vida que me dio a conocer la política implícita en el acervo musical del pueblo.

Obviamente, expresar estas vivencias en un trabajo final de grado quedaba fuera de lugar, de ahí este epílogo alejado de cualquier conclusión posible, pues intentar sistematizar una cuestión que difícilmente es sistematizable[95], como lo es el hecho musical, puede resultar desastroso y ofensivo, claro que

[94] También conocida como canción para Julián Grimau, compuesta por Parra durante su estadía en Francia hacia 1961.

[95] Para que nos entendamos, la música se puede sistematizar en el sentido interpretativo, es decir, mediante partituras, cifrados, dirección de orquesta, etc., o bien a la hora de componer mediante un círculo armónico, una secuencia o escalas (dórica, frigia, etc.), pero hablamos de sistematizar el pensamiento, sentimiento o intención que da de sí una obra musical, es algo que difícilmente podríamos reflejar más que en la obra misma una vez acabada, que será aquello que provocará en el oyente una reacción, lejana a la intencionalidad o no del compositor de una obra ¿Cómo sistematizaríamos esto?

en este momento habla el músico, no el politólogo. Pero, como dizque hombre de politología, de cara a la tesis, debí ceñirme a ciertos cánones académicos que se esperaban de mí.

He de decir que me sentí en muchos momentos incómodo con la teoría, pues como músico fue que descubrí la política, no al contrario, y sé que muchos politólogos después de muchos años de ejercicio no han encontrado la música que se oculta en la política, solo ven datos, datos y más datos sin entender, quizá – no es una certeza, ni soy quién para asegurarlo – que la política al igual que la música está plagada de sentimiento.

Como muestra de lo anterior, un botón: conocí la figura de Ernesto Guevara antes que por biografías y tantos libros críticos con su persona e impronta, mediante canciones que hablaban de él, tanto las que le alaban como las que lo rebajan a poco más que escoria humana, y fue *Hombre* de Silvio Rodríguez lo que me hizo buscar en la biblioteca de Hatillo 2 cuanto documento pude hallar que hablase de aquel tal Ernesto Guevara.

Supe que la revolución que mi familia paterna vivió en Nicaragua fue, podríamos decirlo así, bendecida por un "cipotillo" que quería ser guerrillero – en alusión al *Cristo de*

Palacagüina[96] – de la misma forma en que hacia mis veinte años, supe que en un lugar del mundo había una estaca que era de recibo "tombar". Hasta entonces pensaba que la *Tieta* de Joan Manuel Serrat era cantada en un idioma de Catania ¡Perdón por la ignorancia!

Con todo lo anterior, que es solo una breve aproximación personal, quiero ilustrar cómo llegó el hecho político a mi vida. Si bien hubo factores varios, la música jugó un papel preeminente en ese sentido y al igual que lo hizo en mí, durante mis casi treinta años de carrera musical, he observado todo tipo de reacciones en todo tipo de contextos a todo tipo de música, de la misma manera que un primer domingo de febrero de 1998 (domingo electoral en Costa Rica), iba para Santa Cruz de Guanacaste con mis partenarios de música a cumplir con varios compromisos programados para esa semana en un autobús del PUSC[97] (habíamos perdido el nuestro en la "*Coca Cola*"[98]), entreteniendo al pasaje, votantes de ese partido político, con consignas políticas de todo calado, entre las cuales:

[96] Canción nicaragüense considerada como revolucionaria, compuesta por Carlos Mejía Godoy y dada a conocer con su agrupación "los de Palacagüina" en la década de los 70. Su componente política llega al pueblo llano a través de la figura de la sagrada familia, con lo que implícitamente se da a la canción un halo tanto político como religioso, algo que con toda claridad será del gusto de la sociedad campesina y proletaria nicaragüense de las décadas de los 60 y 70.

[97] Partido Unidad Social Cristiana, partido político costarricense fundado en 1982 por Rafael Calderón F. y que fue junto a Liberación Nacional, fundado por José Figueres Ferrer, uno de los partidos dominantes del sistema político del país, y que condujo a un bipartidismo de caso treinta años.

"Al bipartidismo el palo'e naranja

¡Vote naranja, naranja!"[99]

Obviamente el PUSC era una de las fuerzas del bipartidismo costarricense de entonces a las que aludían los versos anteriores. Nosotros pasábamos de largo de aquellas eventualidades políticas, necesitábamos llegar sí o sí a Santa Cruz con lo que a la hora de conseguir transporte para un viaje, entonces de seis horas como poco, nos filiamos a lo primero que apareció, y eso fue un autobús del partido rojo y azul. Otra cosa fue que a mitad de camino hiciésemos nuestro el recorrido. La recompensa: unos 35° Celsius, sándwiches de mortadela caducada y resbaladera[100] caliente – todo el mundo en Costa Rica sabe que la resbaladera se debe servir bien fría, casi congelada – nos esperaban al bajar en Santa Cruz.

Acercar música y política no tendría en todo caso porqué ser una tarea difícil de defender, pero no nos llamemos a engaños, el académico quiere valor empírico, teoría, hipótesis, novedad

98 Terminal de autobuses y punto de referencia en San José, capital costarricense.

99 Adaptación del tema Malembe de la agrupación chilena Quilapayún, en este caso mediante una letra contraria al concepto del bipartidismo y haciendo alusión al color naranja, color indicativo del extinto partido costarricense de izquierda Fuerza Democrática.

100 Podría afirmar que viene a ser el equivalente costarricense a la horchata para los españoles. No es lo mismo, pero a nivel de contexto me sirve para aclararlo.

científica, innovación dogmática, pues de no ser así lo que quiera que se escriba carece, a su criterio, de todo valor educativo. En esto lleva razón, pero de ahí a mecanizarlo al punto de que el interés se pierda en las meras citas o menciones a, pues sinceramente me resulta frustrante y egoísta para con las personas que sienten interés, pero no quieren tener que ser politólogas para entender un texto.

Por su parte el músico, por lo general quiere triunfar y el mercado es duro con quienes intentan transmitir un mensaje que pueda inquietar a ciertos sectores sociales, en tanto que el oyente gran parte del tiempo quiere simplificar esfuerzos y maximizar la distracción, y una canción de "protesta" difícilmente se puede "bailar pegado" o "pechito con pechito".

En cualquier caso, si con este intento de abrir una nueva ventana consigo atraer la mirada no solo del investigador politológico o musicológico, sino de cualquier persona con un interés que vaya más allá de los conceptos de elecciones y reguetón, mi objetivo estará cumplido. Pues en estas páginas a diferencia de las de mi tesis de grado, no pretendí demostrar teorías o plantear hipótesis acerca de la relación que puede existir entre ambas disciplinas mediante un lenguaje excluyente, sino evidenciar a nivel práctico y con un lenguaje sencillo que existe una realidad que se ha dado y se da, y en la que valdría la pena profundizar aún más y que dicha visión esté al alcance de más personas, al ver razón por la cual deba ser feudo únicamente de quien entienda de politología o musicología.

En este texto hicimos juntos un recorrido por diferentes hechos políticos en los que la música jugó, o juega, un papel que no deberíamos desdeñar tan a la ligera y otros hechos musicales cuyo componente político es más que evidente y que nos sirven para interpretar y, por qué no, entender la mentalidad del pueblo donde se gestó aquella obra. Vimos juntos y someramente cómo la música puede interactuar con la política desde el contexto social en el que se da, y cómo la política a su vez ha hecho del hecho musical una herramienta de sugestión, distracción, represión o adoctrinamiento altamente eficaz.

Aprobé mi TFG, con una muy modesta nota y a pesar de ello salí muy satisfecho del aula del tribunal, pues al margen de haber suspendido o no, haber obtenido una excelente nota o no – de hecho, obtuve un 6 sobre 10 – y de las muchas críticas que recibí por decantarme por este tema para una tesis de grado, hice aquello que me propuse, y no me refiero a obtener un título universitario que no sé siquiera si me dará de comer, sino que pude compartir una visión de un fenómeno que siempre me ha llamado la atención y que nos es común a todos, politólogos o no, musicologos o no:

que la relación que existe entre música y política es una relación activa, entendible desde cualquier estrato social y que está al alcance de todos.

Ambos hechos nos son inherentes y es lo que vimos en éstas páginas. A partir de aquí, la experiencia podría continuar…

¡Gracias por tu tiempo!

APÉNDICE – MÚSICA EN UNA POLÍTICA DE BLOQUES

JV _ Ronny, te he de decir que me caes cómo agua de mayo.

RN _ No te entiendo ¿Qué quieres decir?

JV _ A ver, quiero decir que lo que me explicas me viene como anillo al dedo para concluir mi trabajo. Julio sabe de qué estoy hablando. ¿Te importa si grabo esta conversación?

RN _ ¡Para nada! Tú dale...

JV _ Me decías que viste en primera línea la caída del muro de Berlín y la reunificación de Alemania ¿Qué se escuchaba en la radio de entonces? Pues talvez sea por ignorancia, la idea que me viene a la cabeza es la de que debía ser algo muy limitado...

RN _ Sí, hemos escuchado radio de la otra Alemania (occidental) y claro, de aquí venía toda la música actual, que en este tiempo era famoso. Como te he dicho, Status Quo, Lennon, etc... lo podíamos escuchar.

JV _ O sea, todo lo que era comercialmente tan pesado que no había manera de frenarlo ¿Esto conseguía pasar?

RN _ Esto sí.

JV _ Y, por ejemplo, algún tipo de música…

RN _ Lo que estaba bien limpio, políticamente.

JV _ Eso es lo que quería saber básicamente.

RN _ Por ejemplo, hay uno muy famoso que ha hecho mucha música contra nuestro país, era el Udo Liendenberg. Quería encontrarse con nuestro presidente, se encontraron y le regaló un instrumento y todo esto fue muy bonito y lo aceptaron. Luego él dio un concierto solo para gente invitada de la Stasi, gente que quería ir no pudo ir. Era una figura, la más famosa de la música alemana (democrática).

JV _ ¿Por qué? ¿Qué tipo de música hacía esta persona?

RN _ Él ha hecho un poco de rock, pero los textos. Los textos son importantes. Esta es la importancia que tiene él.
Él cantaba mucho por Berlín…

JV _ ¿El Berlín?

RN _ West Berlín.

JV _ Entiendo. Entonces se trataba de una persona que posiblemente no era bien vista en el Berlín "oriental", por el mensaje que podía transmitir.

RN _ ¡Sí! Eso es.

JV _ Y al revés ¿Alguna figura del Berlín "oriental" que gustara en el Berlín "occidental"?

RN _ Sí, se fueron muchos. Muchos han cambiado ¡Nina Hagen!

JV _ ¡Nina Hagen! La conozco de cuando recién llegué a Suiza y la he escuchado bastante... en realidad la escuché mucho durante mis primeros años por acá, luego sinceramente le perdí la pista.

RN _ Es alemana, de mi Alemania. Ella se fue. Wolf Biermann.

JV _ No lo conozco.

RN _ ¡No! Pero este es uno de los que empezó con la música y con las críticas contra el Estado. A él lo han echado del país, de "east" a "west".

JV _ Es decir de la Democrática a la Federal. Es que en el colegio se limitaban a decirnos la Alemania Oriental, el muro, la Alemania Occidental. A veces la vagancia del latino empieza por la escuela, vas a perdonar.

RN _ Sí, correcto de democrática a federal ¡Eh! Nosotros seguimos confundiendo Costa Rica y Puerto Rico, y pensamos que Marruecos es donde acaba Turquía. No sé quién es más vago.

JV _ ¡Bueno! Visto así...
A ver, como te he comentado, estoy trabajando en un texto acerca de la música y la política y no pude evitarlo. Tú estabas ahí, como se dice "en medio del ajo" y ya ves, hablando de una cosa, sin querer tú solo llegaste al tema de la música.

RN _ ¡Sí! Es verdad.

JV _ En mi opinión es porque ambas son cuestiones inherentes a las personas y a la sociedad, que van muy relacionadas.

RN _ ¡Mucho!

JV _ ¿Hasta qué punto crees que es así?

RN _ ¡No en todo! Pero con la música la gente se puede expresar mejor y más, un poco tapado, solo para los entendidos, por ejemplo, hay un grupo alemán que se llama Rammstein – que seguro conoces – que tienen textos que la mayoría no entiende de qué cantan, sabes. De verdad tienes que leerlo en alemán, es difícil la traducción.

Yo tenía una chica, española, durante doce años, que necesitó seis o siete años para traducir cuatro canciones bien. Porque es complicado, para que me entiendas, traducir no es el problema, diccionario traducción y listo.

JV _ Te entiendo, traducción literal es una cosa, traducir un concepto es otra.

RN _ ¡Eso! Pues, son mi grupo favorito y hacen mucho de política, pero la mayoría no lo entiende, ni los políticos, pero leí unas críticas, una suiza y otra en España, y ellos entienden más lo que cantan que los mismos alemanes.

(Risas)

Aparte de esto, tienen ya unas cuantas canciones prohibidas...

JV _ Pero, supongo ¿Depende de qué alemanes? Occidentales u orientales...

RN _ ¡No! Esto ya no existe, te hablo de la actualidad. Antes, este grupo hacía Punk-Rock, yo les conozco desde hace años, cuando en realidad eran dos grupos que a finales de los 80 se juntaron, o un poco más tarde – no estoy seguro.
Había otros músicos y grupos en el oriente que tenían mucho "poder". Grupos que viajaban a la otra Alemania, no todos, pero los dejaban mayoritariamente porque el Estado no se los podía prohibir. Prácticamente porque esto hubiese sido un escándalo para el Estado y, ahí, sabes, aunque nosotros no podíamos decir lo que pensábamos, el sentido de la ley número uno es que tú puedes pensar como quieras, y ellos lo decían por nosotros.
Esto también lo han hecho en el oriental.

JV _ De distinta manera, supongo.

RN _ De distinta manera, pero a los músicos ya no podían, a muchos, cerrarles la boca y esto me lleva a Biermann, que comenzaba a criticar al Estado no solo detrás de su música

(silbido y gesto de salida con las manos)
"¡Tú, pa'llá! Esto no lo queremos".
Entonces tenían que cambiar un poco los textos. Pero él cantaba claro, era un cantautor como Julio y como tú.

JV _ ¿Sería una cuestión de censura?

RN _ Sí, pero No. Porque él también hablaba mucho, no solo con su música. Wolf Biermann estaba actuando mucho contra el Estado.

JV _ No te sigo...

RN _ A ver, como famoso músico, tenía más audiencia, no era una sola persona detrás y esto no le gustaba al Estado. Entonces los músicos cambiaban un poco sus letras y cantaban mucho en "clave".

JV _ Esto sucedió... No sé si conoces a Joan Manuel Serrat o la canción aquella de "todo pasa y todo queda" para que te ubiques, el de Mediterráneo.

RN _ Sí, sé quién es Joan Manuel Serrat.

JV _ Pues hay una canción que analicé en el texto que estaba trabajando y es una canción que él, cuando la quiso publicar, tuvo problemas, y te va a sonar raro, por un color. Es una canción que se titula La fiesta en la que explica cómo su calle se pone de fiesta, como cualquier actividad de barrio que puedas ver acá mismo en Grenzach o en Basel.
Pues en un momento dado, en la letra hay una línea, ni siquiera una estrofa, en la que nos cuenta que cuelgan banderas "verdes, rojas y amarillas", pero la letra original era lila, "lilas, rojas y amarillas" y ¿Qué pasa? Pues que esta canción él la

editó durante la dictadura de Franco en España…

RN _ ¡Ah! El lila era el color de la otra bandera ¿Cierto?

JV _ Correcto, juntos eran los colores de la bandera de la república española y, claro, le censuraron la letra, le dijeron "no, no, usted ponga verdes". Es decir, ellos veían algo que talvez ni el mismo Serrat…

RN _ ¡Se enteró!

JV _ Se enteraba hasta que le hicieron ellos mismos entrar esa idea en la cabeza y, a partir de aquí, una letra que era en plan todo el mundo de juerga y mañana con resaca, lo que sea, de un pronto a otro era una canción política ¡Por un color!
A ver, muy posiblemente era la intención de Serrat, pero ¿Hasta qué punto la gente que escuchara la canción se iba a percatar de eso?
Tendríamos que preguntarle directamente a Serrat "Oye ¿Tú querías poner lila con intencionalidad política?
Ahora que estás acá tenía que aprovechar, pues siempre pensé en cómo debía ser el tema de la música dentro de la política de bloques, pero antes no tenía las herramientas que ahora tengo y además te tengo acá.

Sin ir más lejos, yo conocí Berlín en el 98 o 99, ahora no caigo en el año exacto y lo que sentí entonces era un ambiente enrarecido, me vas a perdonar, y haciendo música, de hecho, hacía música en el metro con un ruso, con eso te lo digo todo y…

RN _ Diez años antes ¡Imposible!

JV _ Imagino que no.

(Risas)

De hecho, tuvimos un susto con unos "radicales", pero la cuestión es que no escuchaba música por la calle.

RN _ ¡Cierto! No se entendía todavía el ambiente nuevo. Costó mucho tiempo mirar para otro lado.

JV _ Pues eso fue lo que me llamó la atención. Sí, escuchaba la radio de un bar de Landsberger Allee – a saber si existe todavía – pero lo normal que podía sonar en esa época, pero por la calle, la gente, no se escuchaba ni se veía a la gente escuchar música por la calle. Es más, diría que ganábamos relativamente bien por ese preciso motivo ¡Claro! Es una imagen que me creé, no sé si es idea mía o que ya iba condicionado.

RN _ ¿Volviste alguna vez a Berlín?

JV _ Volví, pero en el 2004. No había pasado mucho tiempo tampoco.

RN _ Ya, pero ¿Seguía igual?

JV _ ¿Para entonces? Pues, se veían más McDonalds…

(Risas)

RN _ Quiero decir, en el tema de música.

JV _ No lo sé.

RN _ Fue tu primera impresión y ahí se quedó.

JV _ Lamentablemente tienes toda la razón, ya iba condicionado y si fuese de nuevo mañana, con seguridad iría igual ¡Una pena! Y no es objetivo por mi parte, pero en mi favor te he de decir que entonces era un mocoso y cuando volví iba en plan turista, para ver, hacer foto aquí, dormir allá. Ya no era lo mismo, la primera vez iba a vivir la ciudad, a hacer música, estar allí y es diferente.

RN _ También hay diferentes zonas en Berlín que son "protegidos" otros menos "protegidos", entonces siempre depende, creo, de dónde vas; porque yo sé que en Berlin, "mein Berlin", ahí siempre hacen música y es el nido de la

cultura alternativa de Berlín, seguro ¡Segurísimo! Desde siempre, cuando era oriental esta parte, ahí vivían todos los músicos que vieron Berlín antes de la caída del muro.
Desde entonces ya no estuve más en Berlín, bueno, viviendo. He ido, para visitar a la familia, pero no es mi Berlín. El Berlín que a mí me gustó era el de antes de lo del muro, cansa, no sé, es un poco prepotente todo.

JV _ Y ¿No será una cuestión de filiación política talvez?

RN _ ¿Para mí? A mí no me gusta Alemania desde hace años, en general. Sobre todo, por la política, ni la de ahora, ni la de cuando era niño, ni la de cuando cayó el muro, siempre ha sido una relación extraña. Pero eso no quiere decir que no me guste ser alemán, me encanta ser alemán, pero qué alemán me gusta ser es lo que me cuesta entender.
De niño estaba cansado del país, pero no era del país, sino del entorno y eso te marca. Mi filosofía política ya no era lo que se esperaba y eso me complicó la vida en muchos aspectos y creo que eso siempre se refleja en mis gustos por la música.

JV _ Ya veo… Y después de la caída del muro ¿Notaste diferencia entre la música de un lado y del otro?

RN _ ¿Diferencia en qué sentido?

JV _ Por ejemplo ¿Rammstein varió su mensaje, el tipo de música que hizo cambió? ¿Seguían teniendo motivos para defender aquello que defendían? Desde tu punto de vista ¡Eh! De una persona a la que le gusta su música.

RN _ Antes se llamaban Feeling B, una conocida banda Punk de Berlín oriental, ellos cantaban sobre la vida y hoy cantan más que sobre la vida, entonces sí que han cambiado.
Claro que entonces eran muy jóvenes, ellos tienen pocos años más que yo y sí, hay diferencia.
Antes, la necesidad… ¡Se expresaba más la necesidad! Hoy es todo lo contrario, hoy no hay necesidad y hoy hablan porque sí, creo, si puedo decirlo así. Hoy hay gente que critica el país cantando, sobretodo, los raperos alemanes, algo de música popular y alguno que otro más, pero ya no es el mismo sentido, no tienen la misma fuerza que tenían entonces…

JC _ ¡Mi'jo! ¿Vamos a salir o qué?

(Risas)

Esta conversación, como muchas otras de sobre mesa duró lo suyo, pero eso no viene a cuento. Con ésta pequeña "entrevista" no planeada para nada, quise – y perdón que ahora singularice estas líneas – dejar un ejemplo de cómo una persona de a pie, que no es ni politólogo ni musicólogo, es capaz de encontrar en ambos hechos un nexo, una razón de ser e interpretarlos y por sí mismo darles el sentido y el sentimiento político y musical que cree conveniente.

La última reflexión, ya acabado todo, que haremos en conjunto es una idea que, creo, hemos visto planear sobre todo este trabajo y es la de que somos tan animales políticos como musicales y que ambos hechos nos caracterizan como seres humanos. Por tanto, merece la pena estudiarlos más a fondo sin que ello requiera de la necesidad de dotarnos de pesadas herramientas dogmáticas que limiten su verdadero alcance.

BIBLIOGRAFÍA

Arancibia, M. (2012, abril 24). Portugal 25 de abril: Una canción y un clavel. *Crónica Popular*, p. 1.

Arenas, F. (2011). *Lusophone Africa: Beyond independence.* Minneapolis: Univ. of Minnesota Press.

Béhague, G. (2006). Indianism in Latin American Art-Music Composition of the 1920s to 1940s: Case Studies from Mexico, Peru, and Brazil. *Latin American Music Review, 27*(1), 28-37.

Belkind, N. (2010). *A Message for Peace or a Tool for Oppression? Israeli Jewish-Arab duo Achinoam Nini and Mira Awad's Representation of Israel at Eurovision 2009.* https://doi.org/10.7916/d82f7m07

Benítez V., J. (1993). *La revolución traicionada: Carpentier y Beethoven.*

Hispanoamérica en sus textos: ciclo de conferencias (A. Coruña, 1992), Eva Valcárcel (ed.). A Coruña: Universidade da Coruña. Servizo de Publicacións, 1993, p. 11-20.

Recuperado de https://ruc.udc.es/dspace/bitstream/handle/2183/8577/CC-05art1ocr.pdf?sequence=1

Berg, C. (2012). Tunes of religious resistance? Understanding Hamas music in a conflict context. *Contemporary Islam*, *6*(3), 297-314. https://doi.org/10.1007/s11562-012-0219-6

Bowen Silva, M. (2008). El proyecto sociocultural de la izquierda chilena durante la Unidad Popular. Crítica, verdad e inmunología política. *Nuevo mundo mundos nuevos*. https://doi.org/10.4000/nuevomundo.13732

Cabrera, M. L. (1982). Gran Canaria y los contactos con las islas portuguesas atlánticas: Azores, Madera, Cabo Verde y Santo Tomé. *Coloquios de Historia Canario Americana*, *5*(5), 311-333.

Campderrich Bravo, R. (2006). Soberanía y orden internacional en la filosofía política y jurídica de Hans Kelsen y Carl Schmitt. *Anuario de filosofía del derecho*, *23*, 205-218.

Carnero, G. (2018, mayo 16). Mayo del 68: París y Barcelona. *Revista de Libros.*

Cortés Lutz, G. (2007). Roma: Las Etapas políticas del Imperio. *ANTROPOSMODERNO*. Recuperado de http://antroposmoderno.com/antro-articulo.php?id_articulo=1046

Galeano, E. (2003). *Las venas abiertas de América Latina* (19. ed. en España). Madrid: Siglo Veintiuno de España Ed.

Galindo A., F. (2017). Antecedentes y usos de la investigación en comunicación política en Portugal. De la Revolución de los Claveles al Tratado de Lisboa. *Doxa Comunicación. Revista interdisciplinar de estudios de comunicación y ciencias sociales*, *10*. https://doi.org/10.31921/doxacom

González Manrique, L. E. (2006). *De la conquista a la globalización: Estados, naciones y nacionalismos en América Latina*. Madrid: Biblioteca Nueva : Estudios de Política Exterior.

Gramsci, A., & Palos, A. M. (1999). *Cuadernos de la cárcel.* México; Puebla, México: Era ; BUAP.

Jordan, L. (2009). Música y clandestinidad en dictadura: La represión, la circulación de músicas de resistencia y el casete clandestino. *Revista Musical Chilena, 63*(212), 77-102.

Karlinsky, S., Hughes, R. P., Koster, T. A., & Taruskin, R. (2013). *Freedom from violence and lies: Essays on Russian poetry and music.* Boston: Academic Studies Press.

Lacárcel Moreno, J. (2003, diciembre). Psicología de la música y emoción musical. *Educario - Universidad de Murcia, nº20-21*, 214-215.

Lobban, R. A. (1998). *Cape Verde: Crioulo colony to independent nation.* Boulder, Colo.; Oxford: Westview.

M. Prévos, A. J. (1990). [Review of *Dictionnaire des chansons de la Révolution, 1787-1799 by Ginette Marty and Georges Marty; La Révolution en chantant by Robert Brécy; Histoire de la Marseillaise by Hervé Luxardo*, por H. Luxardo, R. Brécy, & G. and G. Marty]. *The French Review, 64*(1), 189-190.

Mendívil, J. (2018). *El Charango historias y tradiciones vivas.* Recuperado de http://www.jstor.org/stable/10.2307/j.ctv92vpkm

Montero, R., Calvo, K., & Martínez, Á. (2008). El Voto Religioso en España y Portugal. *Revista Internacional de Sociología (RIS)*, *LXVI*(51), 19-54.

Muñiz V., J. A. (1998). La Música en el Sistema Propagandístico Franquista. *Revista de Historia y Comunicación Social*, *3*, 343-363.

Noguera Fdez., A. (2011). La teoría del Estado y del poder en Antonio Gramsci: Claves para descifrar la dicotomía Dominaicón-Liberación. *Nómadas. Revista Crítica de Ciencias Sociales y Jurídicas*, *29*(1).

Ortigosa, J. L. (2017). *La cuestión catalana.* Madrid, España: Vision Libros.

Penderson, S. (1997). [Review of *Beethoven in German Politics, 1870-1989*, por D. B. Dennis]. *Journal of the American Musicological Society*, *50*(2/3), 484-490.

Recasens Barberà, A. (Ed.). (2010). *A tres bandas: Mestizaje, sincretismo e hibridación en el espacio sonoro iberoamericano*, pág. 228

Rus Rufino, S., & Arenas-Dolz, F. (2013). ¿Qué sentido se atribuyó al zoon politikon (ζῷον πολιτικόν) de Aristóteles? Los comentarios medievales y modernos a la Política. *Foro interno: Anuario de Teoría Política*, *13*, 91-118. https://doi.org/10.5209/rev_FOIN.2013.v13.43086

Sánchez-Andrade Fdez., J. (2011). «La historia del Soldado» y el arte de acompañar. *Revista del Conservatorio Superior de Música "Eduardo Martínez Torner" del Principado de Asturias*, *6*, 18-21.

Sanz, J. (2006). *Silvio: Memoria trovada de una revolución.* Navarra: Txalaparta.

Shaw, J. J. A. (2018). From Beethoven to Bowie: Identity Framing, Social Justice and the Sound of Law. *International Journal for the Semiotics of Law - Revue Internationale de Sémiotique Juridique*, *31*(2), 301-324. https://doi.org/10.1007/s11196-017-9533-x

Sociedad Biblicas Unidas. (1999). *Santa Biblia: Antiguo y nuevo testamento*. United States: Sociedad Biblicas Unidas.

Solé, J. (2012). *Crítica, educación y acción política* (1. ed). Barcelona: UOC.

Vega, G. de la. (1997). *Comentarios reales: Selección*. Madrid: Confederación Española de Gremios y Asociaciones de Libreros.

Weber, E. J. (1991). *My France: Politics, culture, myth*. Cambridge (Massachusetts): Belknap Press of Harvard University Press.

ANEXOS

[Anexo 1] https://www.youtube.com/watch?v=x6MXQqQXAxI

[Anexo 2] https://www.youtube.com/watch?v=pG9lnsqNHck

[Anexo 3] https://www.youtube.com/watch?v=nhBKMJsCbUM

[Anexo 4] https://www.youtube.com/watch?v=8R3Ki6aqlv4

[Anexo 5] https://www.youtube.com/watch?v=7rFJ_u4ZhkE y https://www.youtube.com/watch?v=L3hiuM1dPDg

[Anexo 6] https://www.youtube.com/watch?v=KZyOKXyVN4k

[Anexo 7] https://www.youtube.com/watch?v=Ot0NuvbGAGo

[Anexo 8] https://www.youtube.com/watch?v=d6qK1kP3jAE y https://www.youtube.com/watch?v=Uiicn5SsSHM

[Anexo 9] https://www.youtube.com/watch?v=oX3334V69RA y https://www.youtube.com/watch?v=K2YmJ_5xHfU

[Anexo 10] https://www.youtube.com/watch?v=2wRqbwHS4Hs

[Anexo 11] https://www.youtube.com/watch?time_continue=2&v=OxnARSurEiA o https://www.youtube.com/watch?v=ESFNdG_DpkE

[Anexo 12] https://www.youtube.com/watch?v=0S65eK4GK2k

[Anexo 13] https://www.youtube.com/watch?v=xdfu1_Tll2E

[Anexo 14] https://www.youtube.com/watch?v=rWSA8hh8vdI
[Anexo 15] https://www.youtube.com/watch?v=jmUnNbAKPNE

[Anexo 16] https://www.youtube.com/watch?v=LPs_hjQ7UmY

[Anexo 17] https://www.youtube.com/watch?v=oFqW4ZcqIjs

[Anexo 18] https://www.youtube.com/watch?v=gpclcT9ahxc o https://www.youtube.com/watch?v=dNVrdYGiULM

[Anexo 19] https://www.youtube.com/watch?v=N_juOSgR_oE

[Anexo 20] https://www.youtube.com/watch?v=gG9RVd31ZC0&list=OLAK5uy_lqbuVSOY2u6aDHg0skRQxOsoX49oS10OA

Todas las fuentes bibliográficas, documentales o audiovisuales han sido revisadas y citadas debidamente siguiendo el modelo APA. En la segunda edición de este trabajo se ha procedido a revisar y corregir los errores detectados en este aspecto.

"[...]
Quieres compartir conmigo libertad, vida y razón,
mis países tristes; quieres vivir conmigo el loco,
exótico, cancionero absorto de tantos hermanos.

¿Quieres, tú mujer, conmigo subir
de nuevo a un tranvía?
¡Mis hermanos! Tal vez mañana
nuestras cuerdas sean otra vez manos.
[...]

Entonces, si quieres, contigo volveré.
Entonces, si quieres, contigo marcharé
a esa ciudad, por tierra y pan."

Canción sobre rieles Jairo Viales, Zürich 1999
Fragmento

www.ingramcontent.com/pod-product-compliance
Lightning Source LLC
LaVergne TN
LVHW012043160826
845678LV00014B/2689